Proceedings of China Financial Education Forum

中国金融教育论坛文集
（2014） | ——新科技革命与中国金融教育改革

中国高等教育学会高等财经教育分会金融学专业协作组年刊编辑委员会 ◎ 编

中国金融出版社

责任编辑：王效端　张菊香
责任校对：张志文
责任印制：丁淮宾

图书在版编目（CIP）数据

中国金融教育论坛文集. 2014（Zhongguo Jinrong Jiaoyu Luntan Wenji 2014）：新
科技革命与中国金融教育改革/中国高等教育学会高等财经教育分会金融学专业
协作组年刊编辑委员会编. —北京：中国金融出版社，2015.8
　ISBN 978 – 7 – 5049 – 8029 – 8

　Ⅰ.①中…　Ⅱ.①中…　Ⅲ.①金融学—高等教育—中国—文集
Ⅳ.①F830 – 53

中国版本图书馆 CIP 数据核字（2015）第 150167 号

出版
　　　中国金融出版社
发行

社址　北京市丰台区益泽路 2 号
市场开发部　（010）63266347，63805472，63439533（传真）
网 上 书 店　http://www.chinafph.com
　　　　　　（010）63286832，63365686（传真）
读者服务部　（010）66070833，62568380
邮编　100071
经销　新华书店
印刷　北京市松源印刷有限公司
尺寸　169 毫米 × 239 毫米
印张　13
字数　225 千
版次　2015 年 8 月第 1 版
印次　2015 年 8 月第 1 次印刷
定价　28.00 元
ISBN 978 – 7 – 5049 – 8029 – 8/F. 7589
如出现印装错误本社负责调换　联系电话（010）63263947

中国金融教育论坛年刊编委会

卷首语

自 2013 年《中国金融教育论坛文集》创刊以来，本刊得到了中国高等教育学会高等财经教育分会的大力支持，国内高校金融类学科专业点的负责人高度重视，积极鼓励从事金融教学的老师开展教学课题研究，向本刊投稿。本年度文集收集的是在第五届中国金融教育论坛和第二届中国金融教育优秀论文奖征文活动上脱颖而出的优秀论文。本年度文集的出版，得到了广东财经大学金融学院、《零售银行》杂志社的资金支持。

2014 年 11 月 7—8 日，中国高等教育学会高等财经教育分会金融学专业协作组年会暨第五届中国金融教育论坛在广州举行，由中央财经大学金融学院与广东财经大学金融学院联合主办，《国际金融研究》编辑部、《金融论坛》编辑部、《零售银行》杂志社、《经济学动态》编辑部和中国高等教育出版社协办。本届论坛的主题是"新科技革命冲击下的金融教育变革"，来自全国 46 所高等院校的金融学科带头人和教学研究骨干教师，共计 111 人出席大会。

金融学专业协作组于 11 月 7 日晚举行了全体委员参加的预备会议，会议由主任委员、中央财经大学金融学院院长张礼卿教授召集。预备会议审核并通过了第二届中国金融教育优秀研究论文的获奖名单，确定了第六届中国金融论坛的会议主题和承办单位，协商讨论了金融教育研究课题等。

中国金融教育论坛于 11 月 8 日上午正式举行，开幕式由广东财经大学金融学院院长邹新月教授主持，副校长雍和明教授致欢迎辞。雍校长代表广东财经大学师生对莅临大会的专家、老师表示感谢，并致以热烈的欢迎。主任委员张礼卿教授代表金融学专业协作组致辞，他介绍了协作组成立五年来的运行情况，以及中国金融教育论坛的宗旨，并对本届论坛的筹备、征文、评奖等工作付出辛勤劳动的单位和个人表示衷心感谢。副主任委员马欣教授宣读了中国高等财经教育分会的贺信，在贺信中，中国高等财经教育分会高度评价了金融学专业协作组的工作，感谢今年年会的举办方，并预祝大会圆满成功。

在主题报告环节，我国著名的金融学家、金融教育家、辽宁大学经济学院的白钦先教授发表了《中国金融学科建设发展回顾与展望（1978—2014）》的演讲。白教授肯定了金融教育的成绩，同时也对教学与研究的现状表现出一些担忧。他主张要把国外学说与中国实际相结合，金融教育要与中国未来的实践需求相结合。之后，《零售银行》杂志总编辑林巧红女士发表了《以终为始，大学如何构建从业者的职业教育体系与教育实践》的演讲。她主张，金融教育要与市场对接，要与时俱进；在新形势下，金融专业定位与目标定位要明确，课程体系要符合实践需要，教学方式与手段需要改进，师资队伍素质需要提高。最后，佛山集成金融集团集利财富网 CEO 陈志东发表了《互联网金融的探索与实践》的演讲，重点就 P2P 的发展进行了详细阐释。

主题报告之后的专题发言，先后有暨南大学经济学院院长刘少波教授的《中国经济金融新常态若干问题》，复旦大学金融研究院副院长陈学彬教授的《量化投资与程序化交易——互联网时代金融投资交易发展趋势》，东北财经大学金融学院院长邢天才教授的《新形势下的金融教育改革问题》，系列演讲引起了与会者的共鸣。

下午的分会场讨论，由天津财经大学金融学院院长马亚明教授主持院长论坛，围绕中国金融教育改革和人才培养，16 位院长和系主任发表了各自的观点，并达成六点共识。江西财经大学金融学院院长汪洋教授和中山大学岭南学院金融系主任周开国教授主持的"新科技冲击与金融教育改革"，以及由山西财经大学研究生院院长沈沛龙教授和云南财经大学金融学院龙超教授主持的"金融教育与教学创新"分别讨论了九篇优秀论文，就两大主题展开了热烈的讨论，与会代表在新课程开发、教学内容与手段革新、实验室建设、外语授课、研究型大学转型等方面取得了一定的共识。

在优秀论文颁奖典礼上，金融协作组秘书长、中央财经大学金融学院副院长李建军教授介绍了本年度征文与评奖过程，宣读了获奖名单。本年度共有 8 篇论文获奖，其中特等奖 1 篇，一等奖 2 篇，二等奖 5 篇。主任委员、副主任委员、主办论坛单位的领导为论文获奖者颁发了证书和奖金。副主任委员，西南财经大学金融学院执行院长张桥云教授主持了闭幕式，主任委员张礼卿教授进行了总结。最后，下届年会和论坛的承办单位江西财经大学金融学院院长汪洋教授表达了对协作组委员的感谢，诚挚邀请与会代表明年相约南昌。第五届中国金融教育论坛在顺利完成各项议程后落下帷幕。

编者
2014 年 11 月 10 日

目　　录

第一篇　新技术革命与金融教育

第二篇　高校金融教育转型

第三篇　金融研究生教育改革

特　稿

中国金融学科建设发展
回顾与展望 (1978—2014)

辽宁大学　白钦先

改革开放以来，中国金融学科建设经历了从恢复到快速发展的过程，有成绩也有问题，我想谈谈这方面的事情。

中国金融学科的建设与发展，这个话题很大也很重要。我们都说金融是经济的核心，金融是各国、各经济体经济与社会发展与稳定的一个主导性、战略性的核心要素。因而，金融学科的建设和发展是社会科学的建设发展尤其是经济学学科建设发展的核心。所以召开这样的会议我是非常赞成的。

20 世纪 80 年代初，中国的金融教育是国家教委委托中国人民银行教育司代管的，专业的设置、培养目标和教学计划的制定、教材的建设和评审等都是在中国人民银行的统筹领导下进行的。记得第一次由人民银行出面组织的制定金融学教学培养方案和主要课程设置的会议是 1984 年在湖南财经学院召开的。那时，像保险学、城市金融学、农村金融学、国际金融学、货币银行学等专业，全国加到一起才 25 个专业。到现在，经过几十年的发展，至少有三四百个本科的金融学专业，有一两百个金融学硕士学位授权点，有将近三十个金融学的博士学位授权点，有十个金融学国家重点学科，全国金融行业从业人员有三百多万人。在七八年前，据新华社的报道，全国将近 3 000 个二级学科硕士研究生的报考人数排名中，金融学赫赫在列，与计算机专业、医学中的外科学这些人数庞大的专业比起来，金融作为一个产业，它的从业人员并不是很多，但报考人数能够排到第七。我们也能够看到，在逝去的几十年的时间内，伴随着社会经济的发展和改革开放的深化，民众对金融的需求、对金融的肯定、对金融的期待非常"热"！在过去三十几年的改革开放中，伴随着金融学科的建设和发展，全国金融学专业培养的人才在改革开放特别是金融改革开放，以及金融业本身的发展、金融业走向世界、建设金融大国金融强国的过程当中，作出了巨大的贡献。金融学的教学、金融学理论的研究，我认为对过去三十多年金融业的改革和发展提供了理论支撑和指导。从改革开放之初到 20 世纪 90 年代末这 20 多年的时间里，我觉得那段时间的理论研究要比现在热得多，比如全国金融学会，各省、各市的金融学会每年至少要开一次非常正式且认真的学术研讨会，评审金融类的优秀论文及优秀著作。我们的金融学会有学术委员会，按照过去的惯例，是每两年评审一次全国的金融类的优秀科研成果。

金融学的贡献和成果——与改革开放同呼吸、共命运，提供理论支撑和指导，提供人才的智力支撑——我觉得是贡献卓著，这是"喜"；但是，我个人也有"忧"。

在中国改革开放三十多年的时间里，教育学领域的西化程度较为严重；经济学和金融学作为代表，可以说是全盘西化。首先在经济学领域，马克思被赶出课堂。现在在很多高校，经济学、金融学老师讲马克思和毛泽东时，下面的学生哄堂大笑，觉得很奇怪。但是，在美国的高等院校里，经济学有八个流派，十五本参考书，当中的五本书是要写读书笔记的，其中就包括马克思经济学。而在社会主义的中国，马克思的经济学却被干净彻底地赶出高校课堂。我们不从政治的角度去讨论这个问题，只从经济学学术的角度来说，能干净彻底地驳倒马克思经济理论的人好像还没有出生。所以，我们怎么能那么轻易地就把马克思赶出经济学的课堂?! 这是我的回顾和反思，回顾过去几十年我们哪些东西是对的，哪些东西是有偏的，有的时候偏得还很厉害。我觉得金融学的教育似乎也有这样的问题。所以我非常赞成金融学泰斗黄达教授在 2012 年周骏教授获得中国金融学科终身成就奖的颁奖典礼上的贺词当中所提出来的观点。黄教授提出来近现代中国金融学的理论研究经历了全盘照搬、全盘引进，却又消化不良，有时候水土不服的"苏化"和"西化"这样两个发展阶段之后，应该进入一个全新的发展阶段，即在中国全面和平崛起的过程中，建设具有东方文明尤其是具有中华文明的特征，以东方的经济金融学理论的传承和创新为主要特征的一个新的发展阶段。由于当时是贺词，黄老并没有详细展开，但是我觉得非常亲切，有心有灵犀一点通的感觉，所以我特意把黄老的贺词收录在我的一篇文章中，并特意把这篇文章收到我的《中国金融学科建设与发展（1978—2014）》的专辑中，因为我觉得我是亲耳所听，亲身经历，把它记录下来是我的责任。我也很赞同黄教授的号召。我记得当时刘鸿儒主席也有一个讲话，他在讲话中很有针对性地提出应该培养在毕业后就能够直接走向世界、走向国际金融市场中心的高级人才。这两个观点我都赞成，但是我觉得黄达教授所提到的问题更具有普遍性、稳定性和代表性。

所以我请大家重视并思考这个问题，在中国和平崛起的进程中，我们的硬实力得到了扩张，那么我们的软实力、我们的文化、我们的教育、我们的人才培养、我们的理论研究、我们的思维又是怎么样的呢？硬不硬？能不能硬起来？以及想不想硬？

我也不是杞人忧天，我给同志们举几个例子。在美国次贷危机爆发的那些年中，在全球各国政界、经济界、金融界和社会民众全部声讨美国华尔街、美国评估机构等的过程中，中国的理论界基本上是失语的，能不发声就不发声。我觉得这个问题很奇怪。然后就在2007年下半年、2008年初的时候，北京的一位著名的国际金融专家在《环球时报》头版答记者问，说"次贷危机没有人们想象的那么严重，那些债券基本上全是3A级的，问题不大"。我觉得这是完全错误的。后来事实也证明了这点。处在那样一个次贷危机发生的初期，我认为这位专家对中央的决策、对全国的同行、对全国的公众造成了严重的误导。这引起了我很大的忧虑。问题就出在所谓的3A级上，这是"套"，是牵驴的！而我们觉得美国人当时也比较被动，不敢这么说，而恰恰是中国的学者说的，中国的学者说了美国人不敢说的话。这个错误比理论上的某个小观点的错误要重大很多，他的心、他的脑子已经美国化了。到了2009年，我去参加在海南召开的次贷危机亚洲经济体的会议，在去海南的飞机上又看到了《环球时报》，北京的另一位专家在头版上答记者问。记者问为什么美国有次贷危机而中国没有，学者答因为中国金融创新不够，发展滞后。发展先进就有危机，不危机就是落后，这是什么样的理论？！然后记者又问为什么美国就会危机了呢？学者回答是因为美国金融监管不够。我觉得不是不够，而是没有！沃尔克和格林斯潘在接受美国国会的质询中，对于金融衍生商品和金融创新商品要不要监管的问题，他们是不主张监管的。他们认为市场机制会自动实现均衡，金融高管为了对股东负责，会自动约束其行为。美国中央银行的负责人公开说不监管，而中国学者却说监管不够，这又是为什么呢？这是因为他的心变了。我们在对美国的所有幻想当中，其中有一个就是我们认为美国的金融监管是最优的。而那场危机捅破了这个幻想气泡。美国在创新的金融、几千种金融创新产品即所谓的新金融这个领域内是没有监管的。为什么美国不进行监管呢？因为在以美元为中心的美国霸权中，华尔街、美国的金融体系、美国的游戏规则是通行世界的，既然90%以上的金融衍生商品都是美国创造出来的，美国不监管，全世界也学美国不监管，最后的结果是全世界也不监管美国。难道不是这个逻辑吗？

在我们的金融教学中，金融的理论经常是照抄照搬，把西方人、美国人的教材原封不动地就拿过来了。比如说传统的国际金融教材说汇率是一种价格，汇率确实是一种价格，但是比起其是一种价格，汇率更是一国的战略性调节工具，更接近事物本质的概念并没有出现在我们的教材里。美国人很少讲这个问题，但尼克松总统时期的财政部部长科纳利曾在一次讲话中提到，美元是美国的货币，但却是全世界的问题。美国的量化宽松不正是向全世界放水、逃债吗！而量化宽松这个名词我们当做一个新名词引进来，让一般人看不懂的文绉绉的一个词，这有没有帮助美国人遮掩、欺骗世人的嫌疑呢？

有学者认为金融学是技术科学，不是人文科学，也不是社会科学。那么金融学究竟应该归到哪一类呢？这么归类后的后果是什么？我们坚决地、公开地否定经济学、金融学的政治性、民族性、国家性特征，好像西方经济学是符合全世界人民利益的。这样合适吗？

为什么有李斯特的国家主义，针对的又是谁呢？针对的正是亚当·斯密的全球主义、自由主义。李斯特在批判斯密的时候，认为斯密是英国人，所以斯密的理论最能代表英国人的利益。英国是当时的世界第一强国，英国的商品要走向世界，所以全球主义恰恰代表了英国人的利益。而随着德国的发展，德国要想和英国竞争，所以就出现了李斯特的国家主义，出现了要保护本民族工业的问题。李斯特的理论对21世纪初的中国来说是非常适合的，好像就是为我们写的一样，这难道不值得我们深思吗?! 比如说在讲经济学中的理性经济人、利润最大化时，这样的说法对不对呢？也对也不对。利润最大化是有前提条件的，即要在遵循经济伦理、遵循人文伦理、遵循有关的法律法规的前提条件下争取利润最大化。如果我们把这个前提去掉，只简单地说市场经济就是利润最大化，那最后的结果不堪设想，我们如果这样教学生的话，就完全错误，完全混乱了。任何事，我们不能只强调市场的决定性作用，而忽略了前提条件，这样做太危险了，太误导了。同样在国际贸易的教材中讲到比较成本理论时，以法国的葡萄酒和英国的工业品交换为例，双方都能得到好处，双方都具有比较优势，这个观点是对的。但是斯密又提到：从逻辑和理论上说这是对的，但是由于国民感情的存在，要做到这点是很困难的。斯密所谓的国民感情就是国家利益。法国如果永远卖葡萄酒，法国就永远是一个农业国家，而英国永远是一个工业国家。这样英国永远在上游，法国永远在下游，长此以往，法国是不可能同意的，这样国家主义的政治和社会后果就产生了。斯密接着又说道：就我个人而言，我也不希望这种民族感情一天天地衰落下去。而国际金融的教材中对国家主义、民族情感的描述却都没有。这个例子很好地说明了我们的教材经常出现断章取义，只说前面半句，不说后面更重要的半句。

　　以上举的这些例子，表达了我对金融学教育存在问题的忧虑。前面我也肯定了我们金融学教育的发展，但有喜也有忧。因而我认为要改变这种状况，在我们和平崛起反战软实力的过程中，我们的教育、我们的教材、我们的教学思想、我们的办学方式、我们的培养方式，需要进行转变。而转变就需要反思！

　　总的来说，金融学的教育发展有喜，有大喜，也有忧，但更有期待。金融学的教育需要我们教育者这样一个大的群体去反思，既不能全盘否定，也不能全盘肯定。对金融学教育的反思，对金融学教育现状的改变及未来的发展，我充满期待！

第一篇

新技术革命与金融教育

第一章

本科生"互联网金融"课程设计研究[①]

中央财经大学金融学院 方意

摘要：互联网金融的快速发展与本科生"互联网金融"课程的罕见开设形成了鲜明的对比。为了解决这一"悖论"，本文通过对已有相关文献的梳理和国内高校在高管培训中开展互联网金融课程的经验总结，提炼出了"互联网金融"课程开设的三大部分：互联网金融概要、互联网金融模式、互联网金融风险与监管。除此之外，本文创新性地引入互联网金融与货币均衡这一部分，从而使得互联网金融与金融学其他内容相关联。需要指出的是，本文对互联网金融各部分的总结与规划非常具体和完整，具备一定的可操作性。

关键词：本科生"互联网金融"课程 课程设计 互联网金融概要 互联网金融模式 互联网金融风险与监管 互联网金融与货币均衡

一、引言

近年来，互联网金融在全球发展迅猛。目前，以第三方支付理财、电子银行、P2P 网贷、众筹平台、互联网基金、互联网保险和互联网证券等多种形式的互联网金融模式如雨后春笋般涌现出来。互联网技术的爆炸式发展，使得基于互联网技术的数据产生、数据挖掘、数据安全和搜索引擎为互联网金融提供了很好的技术支撑。社交网络、电子商务、第三方支付和搜索引擎为互联网金融提供了海量的数据，云计算和行为分析使得基于大数据的数据挖掘成为可能，数据安全技术则保证交易支付安全进行，搜索引擎使得个人获取数据更加便利。这些技术的发展很好地解决了传统金融中面临的交易成本过高、信息高度不对称的缺陷。

面对互联网金融的快速发展，政府对互联网金融给予了足够的重视，如

---

① 本文获得中央财经金融学院 2014 年"中国金融教育教学改革研究"课题的资助（题目：《"互联网金融"课程的设计研究》）。

"互联网金融"被写入总理的政府工作报告中。原因在于互联网金融作为传统金融的良好补充，能很好地解决中国小微企业融资问题，解决绝大部分投资者的投资渠道问题，同时，互联网金融的兴起将进一步提高传统金融的效率。

然而，与互联网金融的快速发展和在政策研究者中的"火热"形成鲜明对比的是，目前各高校在本科阶段关于"互联网金融"的课程却很少开设。原因一方面可能在于互联网金融"火爆"的时间太快，以至于学者们很难在短时间将其搬入教材；另一方面可能由于互联网金融是个非常新颖的话题，很多内容并不成熟、不太成体系，不适合搬入本科生教学中。但是，金融学作为一门应用型非常强的学科，如果不能紧密跟进金融实践的话，则显然与金融学的培养目标背道而驰。需要指出的是，目前关于"互联网金融"的教学更多以专题讲座、高管培训①等形式展开。对于专题讲座，尽管其能给学生们带来对"互联网金融"某一部分的初步了解，但是不能系统地、理论地了解互联网金融，更加不能将其与其他金融学相关课程相联系，从而让学生只是"肤浅"地认知互联网金融。对于高管培训，由于其面对的更多是金融从业者、政策制定者等，其过多地偏重于技术细节，而其中的金融学理论讲解较少，且不全面。

其实"互联网金融"本科教学的诸多不足，本质上是缺乏一本适合本科生教学的《互联网金融》教材。为此，本文在已有理论文献、金融市场研究报告的基础上，对"互联网金融"进行全面梳理。并将其与金融学的基本原理相结合，为编写适合本科生教学的《互联网金融》教材服务。

为了编写《互联网金融》教材，我们有必要了解目前关于互联网金融的主要研究话题。经过对海量文献进行整理，我们发现互联网金融主要集中于以下几个方面。

（一）互联网金融的定义

谢平、邹传伟（2012）提出"互联网金融"是既不同于商业银行间接融资，也不同于资本市场直接融资的第三种金融融资模式。侯伟栋（2013）也认为互联网金融是充分利用互联网技术对金融业务进行深刻变革后产生的一种新兴的金融业态。万建华（2012）认为互联网金融不仅仅是融资，还包括支

---

① 后文将对目前部分高校开展的"互联网金融"高管培训进行初步的梳理。

付和各类金融产品，互联网金融应定义为第三种金融模式。与上述观点均认为互联网金融是一种新的模式不同的是，林采宜（2013）认为互联网金融只是金融服务的提供方式和获取方式发生改变，本质上是直接融资和间接融资在互联网上的延伸，而非第三种模式。马云（2013）则从的业务角度进行定义：互联网企业从事金融业务的行为称为互联网金融，而传统金融机构利用互联网开展的业务称为金融互联网。罗明雄等（2013）从狭义和广义两个角度对互联网金融进行定义。狭义上看，互联网金融应该定义在跟货币的信用化流通相关层面，即资金融通依托互联网来实现的业务模式都可以称为互联网金融。广义来讲，理论上任何涉及广义金融的互联网应用，都应该是互联网金融，包括但不限于第三方支付、P2P网贷、众筹、在线理财、在线金融产品销售、金融中介、金融电子商务等。

（二）互联网金融的各种模式研究

陶丽娜（2013）研究了国内第三方支付、P2P网络贷款和众筹融资，并重点分析了国内电商、保险公司及小贷公司等互联网借贷平台。李博、董亮（2013）提出了互联网金融的三种模式：传统金融服务的互联网延伸（包括电子银行、网上银行和手机银行等）、金融的互联网居民间服务（包括第三方支付平台、P2P信贷和众筹网络等）和互联网金融服务（包括网络小额贷款公司、互联网基金、保险销售平台等）。他们认为后两种模式是狭义的互联网金融，并详细地研究了P2P信贷的各种模式（包括纯线上模式、线上＋线下认证模式、非典型P2P信贷模式）。屈庆等（2013）研究了互联网金融中比特币与Q币的异同点，并详细地对比了余额宝与其他货币基金和存款的差异，给出了P2P平台的主要运作方式和第三方支付衍生金融创新模式等。何宗炎等（2014）提出P2P贷款的三种模式：（1）纯信用无担保P2P网络借贷平台（拍拍贷）；（2）线上发展客户，线下交易的模式（宜信、陆金所）；（3）线上发展客户，通过与各地方的小贷公司、担保机构合作的模式（有利网）。而互联网机构与券商有四种合作模式：（1）与电商企业的合作（德邦证券）；（2）利用移动互联网终端发展股票交易"一站式"服务；（3）与互联网企业合作，发展网上开户业务（国金证券）；（4）与第三方支付机构合作（光大证券）。基金公司与互联网合作的三种模式：（1）基金公司利用自有销售平台及移动互联网终端进行产品营销；（2）基金公司与第三方支付平台合作，利用支付公司的支付牌照进行金融产品的营销（天弘基金与支付宝的合作）；

（3）基金公司与电商平台的合作。互联网与银行合作的三种模式：（1）与电商合作（民生银行与阿里巴巴集团合作）；（2）与移动互联网平台合作（北京银行与小米公司合作）；（3）利用自有网站与移动互联网终端推出理财产品（工商银行"天天益"和"薪金宝"）。

（三）互联网金融对其他相关部门的影响

许多学者都研究了互联网金融对银行部门的影响。梁璋、沈凡（2013）认为，随着互联网金融的推出，银行可能面临被边缘化的风险（表现为客户流失严重、中收渠道受到挤压、资产业务竞争加剧等）。赵南岳（2013）从支付结算领域、金融产品销售领域、银行物理网点战略性布设、银行服务方式等方面阐述了互联网对银行业的冲击。屈庆等（2013）分析了互联网金融对债券市场的影响，并认为互联网金融促进了利率市场化进程的加快，为国内债券收益率提供上行动力。徐高（2014）则从余额宝这一视角研究了其对储户、利率市场化、银行、社会融资成本、经济结构、金融稳定及金融发展方面的影响。从储户、利率、市场化角度，徐高给予余额宝积极肯定的看法，而对银行来说，他给出了负面看法，并认为余额宝严重地侵蚀了银行的利润，且让存款脱离银行的掌控，从而使得银行对余额宝表现出越来越明显的敌意（2014 年 3 月，四大国有商业银行陆续对转入余额宝的资金设置更严厉的限制，便是例证）。对于社会融资成本，徐高认为，由于实体经济存在大量的利率不敏感主体（主要是一些受到隐性担保的地方政府融资平台），余额宝的产生推高了社会融资成本，不利于小微企业的发展。从而在金融稳定角度，他也给出了负面评价。对于经济结构和金融发展的影响，他同时给出了正面和负面的评价。

（四）互联网金融的风险与监管

陈林（2013）认为互联网金融容易受到网络内部和网络外部的系统攻击，存在着较高的技术风险。另外，互联网金融不受时空限制，容易成为不法分子从事非法金融活动的栖息地。在监管方面，陈林对欧洲、美国、日本等发达国家和地区对网络银行、网络借贷及第三方支付的监管经验进行分析，并给出了我国互联网金融监管的建议。魏涛等（2014）认为，各国对互联网金融监管还处于探索阶段，还没有形成系统的、专门的互联网金融监管制度体系。他通过对比总结美国、欧洲等互联网金融监管实践，得出目前各国主要通过补充新的监管法律法规，使得原有的金融监管规则适应互联网金融迅速发展的要求，但总体对互联网金融发展采取谨慎宽松的监管态度。徐高（2014）认为金融业与崇尚自由、变化迅速的互联网行业有很大不同，互联网企业的倒闭非常正常，但金融机构的倒闭则可能引发后果难测的连锁反应。因此，在互联网与金融的结合之中，互联网的求新求变，与金融的谨慎稳妥需要取得良好的平衡。徐高提出对于互联网金融的监管应坚持"底线"思维：在控制风险的前提下，引导其审慎地发展，让互联网和金融健康地融合。

基于以上部分文献的梳理，我们发现"互联网金融"至少应该包括互联网金融的定义、互联网金融模式、互联网金融与传统金融部门的关系以及互联网金融的监管。

二、国内高校高管培训"互联网金融"课程的梳理

目前，部分高校在高管培训、金融专硕及 MBA 学习中均开设了互联网金融培训课程。表 1 所示为部分高校互联网金融课程的课程内容及面对对象。由表 1 可知，各学校开设此课程主要面对对象是互联网金融企业的管理人员、传统金融机构的管理人员或者投资机构管理人员，因此开设的课程更多的是偏向应用型、技术型以及细节型。

通过对课程内容介绍的梳理，我们可以发现大部分课程主要包括以下模块：

1. 互联网金融发展的历史、现状及未来介绍。通过对这部分内容的介绍，使得培训学生对整个互联网金融的发展脉络有一个清晰的认识。这一部分主要通过宏观定性地分析。

2. 互联网金融模式的解析。关于这部分内容各个培训课程都当做重点来介绍，但是由于师资背景、面对对象存在一定的差异，每个学校的侧重点不同。大体主要包括：（1）融资模式，P2P 贷款、众筹融资和电商小贷；（2）渠道模式，互联网银行、互联网证券、互联网保险、互联网理财。需要指出的是，这一部分一般主要通过案例分析的方式进行讲解。

3. 互联网金融发展的硬件基础。这部分内容包括：（1）第三方支付（线下支付、线上支付及移动支付）；（2）大数据与云计算。

4. 互联网金融面临的风险及监管，这部分内容也是大多数课程讲解的重点。

5. 传统金融行业对互联网金融冲击的应对。

6. 网络虚拟货币。尽管我们无法准确了解各个学校对互联网金融课程开设的具体内容，但是通过对其进行初步梳理，我们可以对互联网金融应该包含的重要内容有一个初步印象。

表1 各高校互联网金融课程

开课院校	课程名称	课程内容	面对对象
上海交通大学上海高级金融学院（SAIF）高层管理教育	数字经济与互联网金融	• 信息技术的新浪潮与未来网络的新特点 • 大数据时代的商机把握 • 互联网时代的金融新模式 • 互联网融资方式比较 • 互联网销售平台与互联网基金的前景 • 互联网理财、证券、保险与银行的发展现状与趋势 • 大数据、云计算与移动时代的互联网金融 • 金融行业应对互联网金融之道	• 传统金融机构的中高层管理人员 • 互联网金融企业的核心管理团队 • 希望深度把握互联网金融发展机遇的企业战略决策者与企业高层财务管理者
清华大学五道口金融学院高级培训	互联网金融高级研修课程	• 互联网金融兴起的历史及未来探索 • P2P模式与众筹模式 • 第三方支付与移动支付 • 互联网银行及虚拟货币 • 互联网信用基础及征信体系发展 • 金融机构如何切入互联网金融 • 电子商务平台上的互联网金融 • 独立的互联网金融模式 • 互联网的核心逻辑与趋势思考 • 大数据在互联网金融中的应用 • 互联网金融的监管及未来法律走向	• 金融机构负责互联网金融业务发展的高层管理者 • 政府相关监管部门领导 • 电子商务/互联网企业高层管理人员 • 投资机构相关领域负责人等

续表

开课院校	课程名称	课程内容	面对对象
复旦大学总裁班	互联网金融课程体系	• 互联网金融之众筹 ∨ 众筹的政策、法律与监管；产品众筹；服务众筹；服务众筹；股权众筹 • 互联网金融之第三方支付 ∨ 金融支付的政策、法律与监管；第三方支付模式设计；第三方支付的风险管控；虚拟货币的发展与展望 • 互联网金融之数据征信 ∨ 征信的政策、法律与监管；互联网信用评分系统设计；互联网信用体系构建；大数据在互联网征信中的应用 • 传统金融机构互联网化运营 ∨ 互联网银行运营模式与管理；互联网证券运营模式与管理；互联网保险运营模式与管理；互联网基金运营模式与管理；互联网期货运营模式与管理；互联网信托运营模式与管理；互联网融资租赁运营模式与管理；互联网典当运营模式与管理；互联网担保运营模式与管理 • 传统电商平台的互联网金融开拓 ∨ B2B 平台的互联网金融业务开拓；B2C 平台的互联网金融业务开拓；C2C 平台的互联网金融业务开拓 • 互联网金融门户模式解析 ∨ 金融产品搜索的模式设计与运营；个人理财社区的模式设计与运营；互联网金融超市的模式设计与运营；在线交易所的模式设计与运营；在线信用卡服务的模式设计与运营；在线金融教育的模式设计与运营	无

开课院校	课程名称	课程内容	面对对象
中央财经大学金融学院高管培训	互联网金融课程体系	• 互联网金融与传统金融机构的应对策略；基于互联网金融的银行理财产品设计 • 互联网金融与支付系统第三方支付的发展态势及其挑战 • 互联网金融与贷款模式互联网金融下小微贷款的运作模式 • 互联网金融与筹资模式互联网金融与众筹实践 • 大数据与互联网金融 √ 互联网精神与金融变革 • 互联网金融的法律监管 √ 互联网金融的法律风险分析	• 商业银行的中高层领导 • 互联网金融创业者和投资者 • 企业的高层管理者 • 其他金融机构高层管理者
清华大学继续教育学院	互联网金融高级研修班	• 宏观经济金融形势分析 √ 宏观经济金融形势分析；"十八届三中全会"金融改革政策解析；上海自贸区金融改革探索与实践 • 互联网与电子商务 √ 全球互联网与电子商务发展现状及趋势；互联网技术最新发展及趋势；下一代互联网 • 互联网金融创新 √ 互联网金融发展现状与趋势；第三方支付模式；P2P网贷模式；金融数据仓库与数据挖掘；大数据与互联网金融；众筹融资新思路；金融机构互联网化发展；互联网金融门户；金融衍生证券 • 互联网金融监管与风险防范 √ 互联网金融风险控制与法律监管 • 互联网金融未来发展趋势 √ 互联网金融新趋势	• 电子商务、互联网及创新企业高层管理人员 • 金融机构负责互联网金融业务发展的高层管理者（银行、保险、证券、基金、信托等） • 投资机构相关领域负责人 • 传统产业企业董事长、总经理、高管、电商负责人等

续表

开课院校	课程名称	课程内容	面对对象
北京大学资本战略与投融资决策董事长高级研修班	互联网金融	● 互联网金融整体发展状况、监管及发展方向 ● P2P 专题 ● 互联网思维与渠道创新应用 SEO、SEM、SNS ● 大数据的分析与应用 ● 供应链金融 ● 第三方支付与移动支付	无
电子科技大学 EDP 中心	互联网金融高级研修班	● 互联网思维如何落地 √ 互联网思维的本质探寻；用互联网思维做产品/服务的核心要素；传统行业的互联网思维转型；互联网思维的落地策略 ● 互联网金融的金融学分析 √ 金融的本质；金融创新与金融工程；互联网金融是"新金融"吗？ ● 引领潮流的电子商务模式 √ 电子商务发展现状及对线下实体的影响；电子商务的主流模式及运营分析；电子商务的发展趋势分析；金融机构的电子商务实践；互联网时代的金融营销变革 ● 互联网金融模式之余额理财模式详解 √ 第三方支付模式的主要类型、支付流程、业务创新和风险控制；支付宝和余额宝的解读；其他类余额宝产品的分析；余额理财产品与货币基金 ● 互联网金融模式之 P2P 网络借贷平台实务详解 √ P2P 网络借贷平台的起源；P2P 的模式与产品解析；P2P 与小贷担保融合的操作方法；P2P 的风险管理；国内外优秀 P2P 企业案例分享 ● 互联网金融的相关技术与产品设计 √ 互联网金融及其相关技术；互联网金融产品设计前端；互联网金融产品设计技术后台	● 金融机构的管理人员及专业人员 ● 电子商务、互联网、互联网金融机构（P2P 网贷、第三方支付、大数据金融公司、众筹、信息化金融机构等）的高层管理人员 ● 各级政府、事业单位主管互联网金融或小微企业融资服务的相关领导

续表

开课院校	课程名称	课程内容	面对对象
香港大学商学院	大数据应用与互联网金融	• 当前互联网金融的发展形势 • 互联网金融的本质 • 探讨互联网金融的热点应用（移动支付、P2P 网贷及供应链融资等） • 成熟市场中小企业和小微企业金融的案例分析（富国银行、美国银行等） • 阐述基于数据的量化贷款模式的原理、方法论及成功模式 • 剖析一些创新互联网金融模式（Lending Club、宜信、人人贷、融 360、陆金所等） • 探讨商业银行在互联网金融领域可能的各类创新模式	无
北京邮电大学 MBA 互联网金融方向	互联网金融系列课程	• 互联网金融——E 时代的金融创新 • 互联网金融的平台模式与产品 • 基于互联网的投融资实践与业务创新 • 互联网金融的支付系统与网络虚拟货币	• 研究生
中国人民大学商学院 EDP	互联网金融	• 解读互联网金融战略方向与自我定位 • 系统地分析互联网金融盈利模式和操作方法（众筹模式、第三方支付发展态势、互联网的渠道建设、电商运营模式、大数据与互联网金融的对接等）	无
北京大学互联网金融创新总裁班（深圳）		• 互联网金融发展趋势 √ 互联网金融的实质与兴起背景；互联网金融与传统金融比较；互联网金融的发展现状；2014 年互联网金融发展趋势；十八届三中全会后互联网金融的新机遇；金融改革与相关政策解读 • 互联网金融商业模式及创新 √ 网络贷款、基金网销、保险网销；联网金融门户下的产品营销策略；产品定价策略与增值服务	• 传统企业董事长、CEO、总裁 • 银行、担保等金融企业总裁 • 电商企业、互联网、商业网站董事长、CEO、总裁 • 电子商务营销、媒体传播、物流支付相关服务机构

续表

开课院校	课程名称	课程内容	面对对象
		• P2P 网贷模式及风险控制 √ P2P = 理财平台 + 小额贷款平台；"寻宝图"：互联网与数据；信用评级机制与行业准入；变体：P2B；国内案例：人人贷；点评：风险与机遇 • 众筹的商业模式设计与创新 √ 运作模式：团购 + 预购；众筹：创业者的选择；夹缝中求生存：法律制约；私募与众筹；案例解读；众筹模式发展趋势分析 • 互联网金融企业融资与上市 √ 互联网与企业融资特点与融资途径；企业私募股权融资策略与注意要点；对赌/协售等合约的签署与执行；企业上市可行性分析与途径选择 • 基于大数据的金融服务平台模式 √ 大数据与客户信息管理；数据分析与客户需求预测；服务平台建设；流量金融与数据营销；案例解读 • 虚拟电子货币及第三方支付平台 √ 虚拟货币的开发与管理；比特币投资策略数据分析与客户需求预测；服务平台建设；流量金融与数据营销；案例解读；第三方支付平台的运作机制；盈利模式分析；案例解读 • 互联网金融与新媒体营销 √ 社会化媒体营销：微信、微博与 SNS；搜索营销：SEO 与 SEM 协同作战；活动营销：传统与网络活动如何配合；事件营销与口碑营销；公益营销	• 科技及电商园区、投融资创始人 • 企业战略储备人才及希望进入电商行业的高端人士
上海交通大学	互联网金融	• 互联网金融发展趋势 √ 类似于北京大学互联网金融创新总裁班（深圳）课程 • 互联网金融商业模式	无

续表

开课院校	课程名称	课程内容	面对对象
		√ 类似于北京大学互联网金融创新总裁班（深圳）课程 • P2P 网贷模式及风险控制 √ 类似于北京大学互联网金融创新总裁班（深圳）课程 • 众筹的商业模式设计与创新 √ 类似于北京大学互联网金融创新总裁班（深圳）课程 • 互联网金融企业融资与上市 √ 类似于北京大学互联网金融创新总裁班（深圳）课程 • 基于大数据的金融服务平台模式 √ 类似于北京大学互联网金融创新总裁班（深圳）课程 • 互联网银行与保险 √ E－bank 的实质：传统业务的在线化；网上银行、手机银行与网络证券；烫手山芋：互联网银行的发展未来；互联网保险的运营模式；Bill Shrink 的运作模式；案例解读：众安在线 • 虚拟电子货币及第三方支付平台 √ 类似于北京大学互联网金融创新总裁班（深圳）课程 • 互联网金融与新媒体营销 √ 社会化媒体营销：微信、微博与 SNS；搜索营销：SEO 与 SEM 协同作战；活动营销：传统活动和网络活动如何配合；事件营销与口碑营销；公益营销	
厦门大学经济学院 EDP 中心	供应链与互联网金融高端培训课程	• 大数据时代的机遇与挑战 • 商业模式与供应链创新 • 互联网金融与电商支付 • 客户关系管理与数据营销	• 银行金融机构、制造业、连锁经营、物流企业以及互联网运营等企业的高级管理者

续表

开课院校	课程名称	课程内容	面对对象
武汉大学继续教育学院	互联网金融高级研修班	• 互联网金融的模式详解与未来格局；移动互联网给金融业带来的机遇和挑战 • 互联网金融的监管政策解析；互联网金融与征信体系建设；P2P 模式与风险管理；众筹的发展与法律问题 • 传统金融如何进行互联网金融创新；大数据在金融业的挖掘与应用 • 互联网企业的金融创新与监管困境；电商平台的互联网金融创新；第三方支付的发展与约束；传统金融机构与互联网企业的竞合 • 国际互联网金融的发展经验与案例；互联网金融相关法律问题解析 • 电子商务发展历程与发展趋势；说明电子商务生态链和金融服务生态链的共同问题；解析互联网技术与大数据对金融服务业的影响；重点分析电子商务时代金融服务业的模式变革、客户定位、产品创新、渠道创新的相关理论与实务；剖析互联网金融的风险管理与监管机制，通过阿里巴巴、京东、苏宁等企业的案例分析金融服务机构与电子商务企业的合作与竞争 • 金融产品搜索的模式设计与运营；个人理财社区的模式设计与运营；互联网金融超市的模式设计与运营；在线交易所的模式设计与运营；在线信用卡服务的模式设计与运营；在线金融教育的模式设计与运营	• 大专及以上学历并具有五年以上管理经验的金融从业人员

注：无表示互联网上无相关信息可查。

资料来源：互联网搜索。

三、课程设计主体内容

（一）课程设计目标和定位

"互联网金融"这门课程的目标主要是让金融学本科生了解最新的金融实践，并通过金融学相关学科的重要知识点来分析互联网金融的重要知识点。与第二部分讲述的培训课程着重于操作细节、技术细节不同的是，本科生的"互联网金融"应该侧重于基本概念和理论基础。原因在于，互联网金融发展非常迅猛，各种新的工具、运作模式时刻都在更新、变化，如果太深入细节，即使学生学会，等到真正工作的时候也可能过时。另外，高校的老师如果没从事实际操作，也很难将其细节讲清楚。因此，本科生的"互联网金融"应该多从金融学的基本原理上进行深入。另外，本课程应该作为金融学本科生的专业选修课，应在上完"金融学""金融中介学""金融市场学"之后再讲述本门课程。

（二）"互联网金融"课程的基本框架

基于文献综述和对培训课程的总结，本科生"互联网金融"课程可包括以下四大块（篇）内容：（1）互联网金融概要；（2）互联网金融模式；（3）互联网金融的风险和监管；（4）互联网金融与货币均衡。

1. 互联网金融概要（第一篇）

（1）互联网金融的基本概念（第一章）。首先，我们可以从互联网思维上理解互联网金融。互联网的精神在于开放、平等、协作和分享，这种精神使得互联网金融能够大幅降低传统金融的交易成本、信息不对称，并覆盖传统金融不关注的领域：大量的"尾部"客户。因此，对互联网思维的分析，对于理解互联网金融很有益处。

其次，通过将传统金融和互联网金融相对比，也能更深刻地理解互联网金融（见表2）。

最后，从金融功能观理解互联网金融。张晓朴（2014）认为互联网金融并没有改变金融的功能和本质，其基本功能仍然是资金融通、价格发现、支付清算、风险管理等，而没有超越现有金融体系的范畴。Merton（1995）更是认为金融功能比金融机构更稳定。

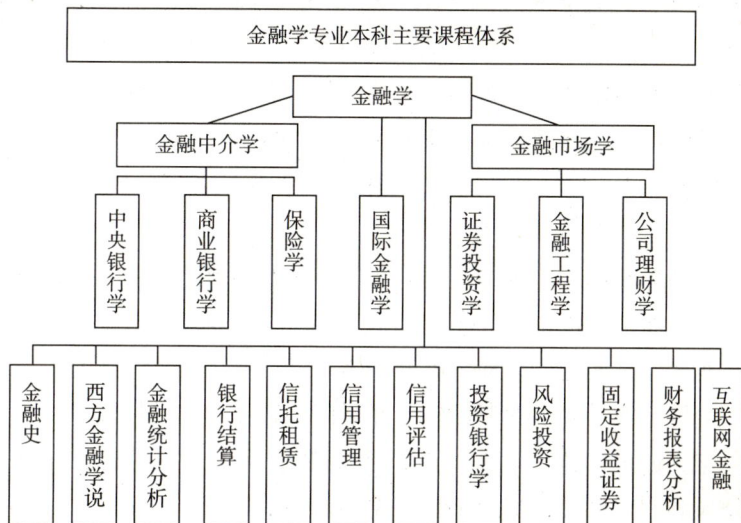

图 1 金融学专业本科主要课程体系

表 2 传统金融和互联网金融

	传统金融	互联网金融
信息处理	困难/成本很高	容易/成本低
数据、信息完全程度	数据较为丰富、信息不对称	数据非常丰富、完整/信息对称
资金供求	通过银行/券商等中介实现期限/数量匹配	完全可以自行解决
支付	通过银行支付	超级集中支付系统和个体移动支付的统一
供求方	间接交易	直接交易
产品设计	需要设计复杂的风险对冲	简单化（风险对冲需求减少）
成本	交易成本极高	金融市场运行互联网化，交易成本较少
进入门槛	较高	非常低
面对对象	"近尾"客户，20%的客户提供了80%的利润	"远尾"客户，每个客户都不重要，靠量
产品提供理念	注重差异，个性化金融产品	标准化，注重体验
产品优势	资产端	负债端

资料来源：毛军华（2013）：《移动改变中国——互联网金融万变不离其宗》；童楠和陈建刚（2013）：《金融遇上互联网》；徐高（2014）：《"互联网金融"的两大发展方向》。

（2）互联网金融兴起的缘由（第二章）。根据对文献的总结，可以从以下几个方面进行：

①互联网技术的发展。最近 20 年，移动互联网、社交网络、搜索引擎、电子商务以及云计算等互联网技术快速发展，为互联网金融兴起提供了技术支撑。另外，互联网的"开放、平等、协作、分享"精神对于互联网金融的兴起非常重要。

②中国金融抑制和不平等与人们对普惠金融的渴求之间的矛盾促使了互联网金融的兴起。例如，中国的利率管制促使了余额宝的快速发展；中国的中小企业、小微企业融资难问题，促使了电商小贷、P2P 贷款、众筹融资的兴起。

③中国金融行业的高度垄断促使了互联网金融在中国的爆发。互联网金融最早诞生于美国，但是"火"在中国的一个主要原因在于中国金融行业的高度垄断导致的超额利润，因此互联网企业"摸金"有利可图，而美国的金融行业高度竞争，互联网企业进入金融行业的"动力"不大。

④中国个人和企业的征信记录还存在较大的不足。

2. 互联网金融模式（第二篇）

互联网金融模式是"互联网金融"课程中最重要的部分，也是最琐碎的部分。结合已有文献，本文对当前互联网金融模式进行了总结，具体如图 2 所示。

另外，根据前文的总结，互联网金融模式主要通过案例分析、对比的方法进行讲述，为此，在各个具体的章节中，我们应基于上述方法进行展开。

（1）传统金融行业在线化（第三章）。这一部分主要阐述传统金融机构"触网"，不作为重点来阐述。

（2）第三方支付（第四章）。包含第三方支付的定义、运营模式（线下支付、线上支付、移动支付、跨境支付）、我国第三方支付行业发展状况、重点企业案例分析（国内的支付宝、财付通、快钱、拉卡拉、银联与国外的 Paypal）。

（3）互联网银行（直销银行）（第五章）。包括互联网银行（直销银行）的定义、兴起背景、与传统商业银行的区别（重点强调优势）、案例分析（民生直销银行、ING Direct 以及 SFNB 银行）。

（4）互联网证券（第六章）。包括互联网证券的定义、兴起背景（佣金自由化与证券业的竞争等）、运营模式与案例分析（"鼠标"模式、"鼠标" + "水泥"模式；美国的 E * Trade、嘉信理财、美林证券，日本的 SBI 集团、乐天集团、Monex 集团，中国腾讯公司与国金证券的"佣金宝"）。

（5）互联网保险（第七章）。包括互联网保险的定义、兴起背景（传统保险

- 互联网金融
  - 虚拟币
    - 最新网络货币 → 比特币、Litecoin、Namecoin、Primecoin
    - 传统电子货币 → Q币、游戏币
  - 金融信息服务
    - 投资社交 → 雪球网
    - 记账理财 → 挖财网、随手记
    - 信息搜索 → 融360、91金融超市、安贷客
  - 投融资方式
    - 众筹融资 → 点名时间、追梦网、众筹网、天使汇、Kickstarter、FundersClub、Bank To The Future
    - P2P贷款 → 人人贷、拍拍贷、宜人贷、红岭创投、陆金所、有利网、Lending Club,Prosper
    - 电商小贷 → 阿里小贷、京东供应链贷款、苏宁小贷、ebay、Amason Lending、Kabbage
  - 渠道
    - 基金 → 余额宝、微信理财通、腾讯基金超市、新浪e路通、基金淘宝店、百度理财
    - 保险 → 互联网保险：众安在线
    - 证券 → 互联网证券：万二的佣金宝、E*Trade、嘉信理财、美林证券、SBI集团、乐天集团、Monex
    - 银行 → 互联网银行（直销银行）：民生直销银行；美国安全第一网络银行（SFNB）
  - 第三方支付 → 支付宝、财付通、快钱、Paypal
  - 传统金融业务在线化
    - 手机银行
    - 网上银行

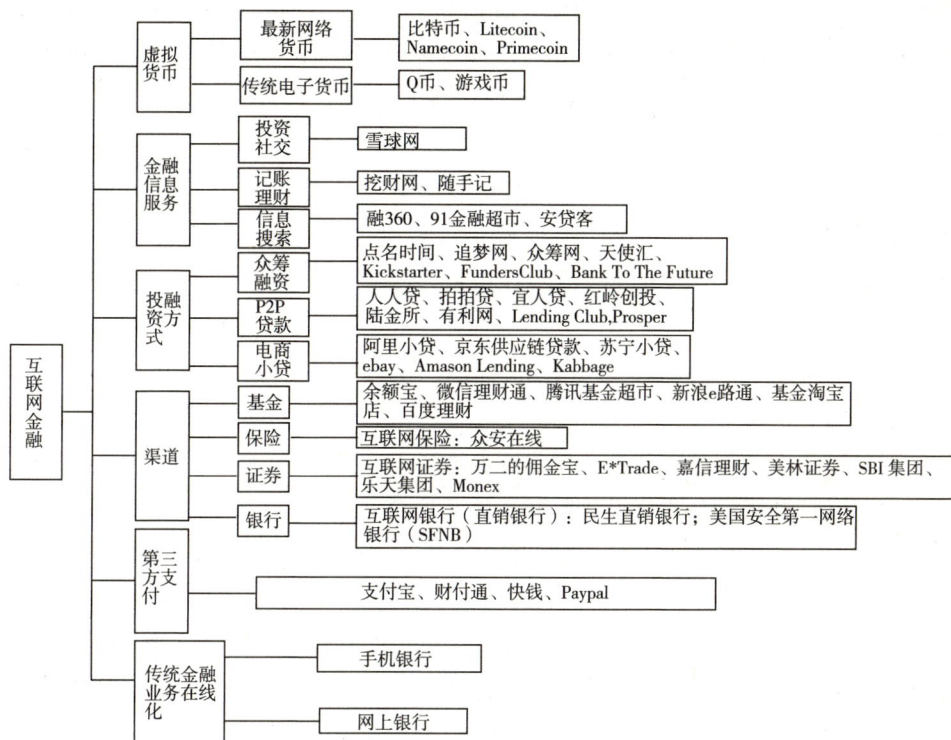

图2　互联网金融模式

渠道营销员增长乏力、银行渠道收入增长贡献有限、互联网的兴起）、互联网保险的特点（简单、低价、社交、私人定制）、案例分析（日本的 SBI 安盛寿险公司和 Life Net 生命保险公司、美国的 Allstate、Progressive、GEICO 车险公司、英国的 Money Super Market. com 公司以及中国阿里巴巴、腾讯与中国平安联手设立的众安在线财产保险公司）。

（6）互联网（货币）基金（重点）（第八章）。包括互联网基金公司的定义、我国货币市场基金的发展（监管政策、股市周期）；互联网货币市场基金兴起背景（利率市场化、股市低迷以及钱荒导致同业拆借利率的飙升等）、互联网基金的模式（淘宝平台卖基金、与互联网公司合作）、案例分析（重点分析余额宝）。

（7）电商小贷和 P2P 贷款（第九章）。包括电商小贷的定义、兴起背景、模式、案例分析（阿里小贷、京东供应链贷款、苏宁小贷等）。

介绍 P2P 贷款的定义、兴起背景、模式（线上 + 线下 P2P；全线上 P2P 模

式）、案例分析（人人贷、拍拍贷、宜信、红岭创投、陆金所、Lending Club、Prosper 等）、中国 P2P 贷款的风险（法律风险、"拆标"特色带来的流动性风险、信用风险等）、分析中国为什么主要是线上＋线下 P2P 的形式而美国是标准的全线上 P2P 模式（征信记录等）。

（8）众筹融资（第十章）。众筹融资的定义（"团购＋预购"）、兴起背景、模式、案例分析（点名时间、追梦网、众筹网、天使汇、Kickstarter、Crowd-cube、Indiegogo、Lucky Ant 等），对比电商小贷、P2P 贷款以及众筹融资的异同。

（9）其他互联网金融模式（第十一章）。这一章主要包括网络虚拟货币和互联网信息服务两部分。

对于网络虚拟货币部分：比较传统虚拟货币和比特币的异同点；比特币兴起的原因（从比特币的特点以及国际货币体系改革角度等阐述）；比特币能否取代当前主权国家信用货币（从货币的职能来分析）；投资比特币的风险。

3. 互联网金融的风险与监管（第三篇）

（1）互联网金融的风险（第十二章）。包括第三方支付风险（操作风险、法律风险等）、互联网货币基金的风险（着重分析流动性风险）、P2P 的风险（信用风险、操作风险、流动性风险、市场风险、法律风险等）、众筹融资的风险（重点分析法律风险——非法集资和非法证券活动）、比特币的风险（市场风险、网络风险等）。

（2）互联网金融与金融稳定（第十三章）。包括互联网金融中"投融资"功能中的影子银行问题；余额宝对金融稳定的影响机制（我国实体经济中存在大量对资金价格不敏感的企业，如地方政府债务平台，余额宝推高了市场利率，挤占了小微企业的融资空间，并导致对资金价格不敏感的企业融资的进一步加大，进一步扭曲金融结构）。

（3）全球互联网金融监管现状（第十四章）。首先分析美国、欧洲等其他国家对互联网金融监管的现状；其次分析中国目前已有的关于互联网金融监管的实践，以及未来可能采取的监管措施。

4. 互联网金融与货币均衡（第四篇）

这一块内容目前研究得非常少，仅屈庆等（2013）有所涉及。借鉴李健（2014）的思想，我们将其纳入互联网金融课程中，从而使得互联网金融的研究和分析更加完整，并能和金融学的基本原理更加紧密地结合在一起。

（1）互联网金融与货币供给（第十五章）。包括互联网金融对货币乘数的影响（降低超额准备金率、降低现金漏损率、现金和活期存款比例降低而定期存款比例升高、P2P 贷款分流体系内存款）、互联网金融对货币流通速度的影响（主要是增加货币流通速度），以及比特币对货币供给的影响。

（2）互联网金融与货币需求（第十六章）。分析互联网金融对货币的交易性需求（互联网金融的发展使得资产变现成本降低、持币成本升高，从而可能降低交易性货币需求）和投机性需求（金融产品朝着高流动性方向发展，金融产品之间的转移更加便捷，从而降低投机性需求）之间的影响。

（3）互联网金融与货币政策。基于互联网金融对货币供给（货币流通速度和货币乘数的增加使得货币供给增加，中央银行可能要紧缩货币的供给）、货币需求（互联网金融使得货币需求降低）的影响，考虑互联网金融对我国货币政策的影响（一方面可能降低货币供给增长速率，另一方面由于互联网金融使得货币总量与实体经济之间的关系更弱，以及货币边界更加模糊，中央银行将向利率型货币政策转变）。

四、结论

互联网金融的快速发展和国家对互联网金融的重视，使得互联网金融领域的相关知识和研究非常重要。遗憾的是，目前国内高校本科生课程中罕见开设"互联网金融"这门课程，为此，对"互联网金融"课程的设计研究非常重要。

基于对已有文献的研究和对国内高校高管培训"互联网金融"课程的梳理，我们发现互联网金融主要集中于互联网金融的基本概念、互联网金融模式、互联网金融风险与监管等领域。除此之外，本文创新地将互联网金融与货币均衡相结合，从而使得互联网金融的教学更加完整、更加体系化。需要指出的是，本文对互联网金融模式的分析和梳理是目前文献中最为齐全的，但由于互联网金融还在快速发展中，随着课程的逐渐实施，可能需要对一些模式加以更新和改进。

参考文献

［1］陈林：《互联网金融发展与监管研究》，载《南方金融》，2013（11），52~56 页。

［2］何宗炎、王颖和高燕芸：《互联网金融产业链与模式分析》，申银万国

研究报告，2014 – 03 – 07。

［3］李博、董亮：《互联网金融的模式与发展》，载《中国金融》，2013（10），19～21 页。

［4］李健：《金融学》（第二版），北京，高等教育出版社，2014。

［5］梁璋、沈凡：《国有商业银行如何应对互联网金融模式带来的挑战》，载《新金融》，2013（7），47～51 页。

［6］罗明雄、唐颖和刘勇：《互联网金融》，北京，中国财政经济出版社，2013。

［7］马云：《金融行业需要搅局者》，载《人民日报》，2013 – 06 – 21。

［8］毛军华：《移动改变中国——互联网金融万变不离其宗》，中金公司研究报告，2013 – 11 – 26。

［9］屈庆、余文乐和潘捷：《创新引领"百花齐放"——互联网金融发展及债市影响分析专题》，申银万国研究报告，2013 – 10 – 08。

［10］陶丽娜：《互联网金融发展研究》，载《金融发展评论》，2013（11），58～73 页。

［11］万建华：《金融 e 时代：数字化时代的金融变局》，北京，中信出版社，2013。

［12］魏涛、刘义和郭晓露：《互联网金融：路在何方?》，中信建投研究报告，2014 – 03 – 26。

［13］谢平、邹传伟：《互联网金融模式研究》，载《金融研究》，2012（12），11～22 页。

［14］徐高：《审视余额宝的七个视角》，光大证券研究报告，2014 – 03 – 21。

［15］徐高：《"互联网金融"的两大发展方向》，光大证券研究报告，2014 – 05 – 05。

［16］张晓朴：《互联网金融监管的原则：探索新金融监管范式》，载《金融监管研究》，2014（2），6～17 页。

［17］赵南岳：《互联网金融对银行业的冲击与机遇》，载《西部金融》，2013（10），30～34 页。

［18］Merton, R. ,"A Functional Perspective of Financial Intermediation", *Financial Management*, 1995（2）：23 – 41。

新科技革命冲击下的
中国金融类专业本科教育变革研究①

上海师范大学商学院　张震　姚亚伟　王周伟

摘要：本文在新科技革命背景下研究中国金融类专业本科教育变革。本文在梳理学界对第三次科技革命研究的基础上，发现信息化、分散化和知识化是新科技革命给未来社会带来的巨大变革。传统金融业态明显受到新科技革命的影响，金融业现有的分工和专业化被大大淡化了，从业思维也发生巨大变化。相应地，传统的金融类专业本科教育模式必须适应外部的改变加以变革。综观我国金融类专业本科教育发展的现实，主要存在以下问题："经济学院模式"和"商学院模式"一定程度上相互融合，但是明显的分割依旧存在；专业设置过细，不利于通用型金融人才培养；教育培养过程中功利主义现象突出。而在国外的金融学教育中虽然也存在培养模式之争，但是商学院模式作为主导培养模式是不可否认的，在此基础上本文分析了国外商学院模式中商学学术和教育成功的重要要素。而后结合笔者所在学院的实践，初步探索了我国金融类专业本科教育变革的一些具体做法，从教学模式、教学内容、教材体系和第二课堂四个方面作了阐述。最后展望了中国金融类专业本科教育变革的方向。

关键词：新科技革命　金融类专业　本科教育　经济学院模式　商学院模式

引言：新科技革命颠覆了传统金融形态和思维

与西方国家对金融学科的定义相比，中国的金融学科内涵更为广泛。在西方研究中，被认为属于"货币经济学"内容的部分被定义为"宏观金融"，并在中国的金融学教育中居于主流地位。因而中国的金融类专业本科教育更多地采用"经济学院模式"。黄达（2003）提出"大金融"概念，主张宏观金融和微观金

① 本文感谢上海师范大学骨干教师教学激励计划教研团队特色项目"大金融专业教育创新工程"的资助。

融的有机结合。陈雨露（2012，2013）秉承和创新了"大金融"的概念，界定了"大金融"的基本内涵，使得金融学与经济学、管理学、数学、信息科学、心理学、法学、政治学和社会学等诸多学科交融而呈现"学科群"特征。与科学研究的"学科群"交融特征相比，中国的金融类专业本科教育模式发展则略显滞后，"经济学院模式"的主导地位未有显著改变。

总结起来，当时的新科技革命给未来社会带来的变革主要体现三大特征，即信息化、分散化、知识化。"大数据"时代的到来，使得"信息爆炸"明显，人类正转向以信息生产、信息服务为主的经济发展模式；人们的社会生产方式和社会生活形式日益分散化；知识生产成为决定竞争力的关键因素。传统金融业态也明显受到了新科技革命的影响，金融业现有的分工和专业化被大大淡化了，以互联网为代表的现代信息科技使得风险定价、期限匹配等复杂交易被大大简化了，相应的金融从业者的思维方式也发生了较大的改变。在传统业态和思维发生改变的背景下，传统的金融类专业本科教育模式必须适应外部的改变加以变革。

一、我国金融类专业本科教育的现状与问题

从我国高等教育的本科专业设置来看，一般将金融学、金融工程、保险学、投资学、金融数学、信用管理和经济与金融七个经济学专业划为金融类专业，但在笔者看来，财务管理、资产评估两个管理学专业也应该划为金融类专业[①]。根据武汉大学中国科学评价研究中心的数据，目前我国开设财务管理本科专业的学校有 417 所，开设金融学本科专业的学校有 278 所，开设金融工程本科专业的学校有 92 所，开设保险学本科专业的学校有 85 所，开设投资学本科专业的学校有 46 所，开设资产评估本科专业的学校有 25 所，开设金融数学本科专业的学校有 22 所，开设信用管理本科专业的学校有 16 所，开设经济与金融本科专业的学校有 11 所。

综观其发展现实，主要存在以下突出问题。

---

① 这是笔者自行根据本科专业目录进行的划分，可能存在某些争议，事实上其他学科中的某些专业也与金融存在一定程度的相关。

（一）"经济学院模式"和"商学院模式"① 一定程度上融合，但明显的分割依旧存在

尽管现实中两种培养模式有所融合，特别是在"大金融"的概念逐渐被广大金融教育工作者所接受的条件下，融合的趋势进一步加强。但是两种培养模式的分割依旧泾渭分明地存在着。一般而言，明确带有金融字样的专业都设置在经济学院，尽管课程体系和培养模式微观化倾向已经大为增强，其关注的重点依旧在于金融理论和宏观金融问题，师资上也仍偏重强调理论研究的经济学传统；而设置在商学院的专业则是我们习惯上所称的"类金融"专业，以财务管理等为代表，则突出强调金融市场实践问题或微观金融问题，而且由于会计学专业往往也同时设置在商学院的缘故，该类专业培养人才的会计学功底往往略胜一筹。两种培养模式的分割显然与新科技革命下知识的共通共融相悖。

（二）专业设置过细，不利于通用型金融人才培养

诚然，由于经济社会对金融人才的需求是多元化、多层次的，所以人才培养模式也应走多元化道路。由此我们的本科专业设置了上述诸多金融类专业。但是必须看到，金融人才本身是一种复合型人才。相应地，金融本科层次主要应该培养通用型金融人才，通过宽口径的课程设置和系统性的教育教学，强化学科基础和素质教育。但是因为大量金融类专业的存在，加之教育部要求突出特色的导向，使得各专业为追求"特色"在一定程度上人为拔高了本科教育培养。同时为突出特色，很多专业课的设置缺乏系统性考虑，课程之间缺少必要的衔接与协调，而造成学生的知识结构不完整，最终培养的人才与社会的需求并不一致。而新科技革命使得知识的相关性大为增强，专业设置过细显然难以厘清专业边界，例如投资学专业与金融学专业培养定位的区分。

（三）教育培养过程中功利主义现象突出

通过各种渠道对学生的调研，我们发现学生对教育改革方向的一个突出要求是多上一些对实习和工作有用的课。这在一方面的确说明我国金融学教育中微观金融课程和实务性课程相对不足，缺少与中国实践的结合，使学生接受专业教育时有脱节感。但是另一方面也反映了改革开放以来，功利主义思想对年轻一代的

---

① 其实还存在所谓"数理学院模式"，突出数理逻辑和技术在金融应用中的培养，但是相比于上述两类模式所占比例较低，分析中在一定程度上可以忽略。

影响之深。而在我们的教育培养过程中，通识教育课程相对缺乏，一些看上去新颖别致，却无实质内容的课程却大行其道；国内自编优秀教材同样相对缺乏。新科技革命一方面使得知识更新加快，但另一方面也使得我们的社会更加呼唤深邃的人文精神。

二、国外金融学教育的商学院模式

在国外的金融学教育中虽然也存在培养模式之争，但是由于经济系在国外大学中一般都是比较小的系科，所以商学院模式是主导培养模式是不可否认的。

根据杜兰大学李志文教授的定义，现代商学院对社会的最重要功能就是，提高商业活动及有关的市场架构所需要的知识与训练①。而金融学教育恰巧要提供的就是这样的知识和训练。图1展示了李志文教授总结的商学研究及教育所经历的演进过程。

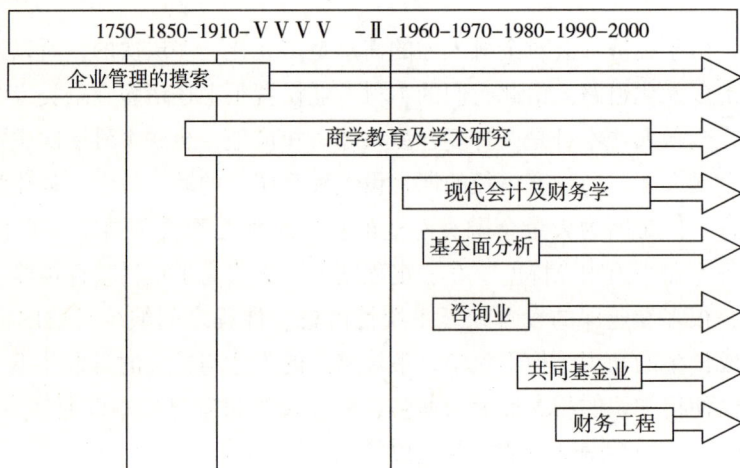

图1　商学研究及教育的演进

总结国外商学院模式中商学学术成功的要素，同时也是商学教育成功的重要基石，总体上包括以下五个方面。笔者以为，这些要素大部分并未伴随着新科技革命的冲击而发生改变，相反有些要素可能会因为新科技革命的冲击而被进一步强化。

---

① 李志文：《学术范式与迎头赶上》，于浙江大学管理学院教职工大会上的演讲，2009 – 09。

（一）有健康的金融系与会计系竞争

离开了良好的会计素养，良好的金融学术是不可能的，相应地，没有扎实的会计教育，金融教育也不可能收到很好的效果。由于历史原因，国内高校的金融系和会计系往往分布在两个不同学院，不相往来，从而影响了金融学教育的效果。要改变这一局面，不是一朝一夕的事情，但是新科技革命的冲击为跨学科、跨院系合作提供了更多的可能，比如网络合作。

（二）有扎实的经济学基础

在国外，经济学是所有社会精英的基本素养。尽管几乎在世界所有一流大学，经济系都是一个独立的系科。但是商学院的学生，都要修过至少一门经济学。国内高校在这一点上通常是做不到的。新科技革命并不排斥经典理论，相反使得经典理论的传播速度加快，比如耶鲁大学、哈佛大学的开放课程。因此这方面我们不能为追求变革而弱化。

（三）商学学术充分面向市场

与市场机能无关的，不是商学。所以，管理科学与工程的本质是工程学。在国外的商学院中，管理科学与工程从来不是主流。但在国内高校中，以工科见长的学校其商学教育中的这方面恰是主导。尽管新科技革命下的云计算、数据挖掘可能为管理科学与工程指引了新的发展方向，但是笔者认为其依旧不会成为商学的主导。

（四）商学学术需要系统性知识累积

系统性的知识累积依靠三个系统性整理知识的训练：完整及不断扩充加强的资料（档案、田野采集、直接观察和试验）；系统性的思维范式（经济学和心理学）；系统性分析工具（计量经济学、统计学和心理测试）。国外的商学院课程设计围绕着这三个方面展开，新科技革命进一步拓展了这三个系统的空间。国内的课程设计尚未能使之完全成为一个有机体，作为后发者，我们可以借用新科技革命契机，在课程设计上实现一定程度的跨越式发展。

（五）商学学术必须保持独立性

从国外商学院的成功范例看，学术研究要保持相对的独立性，而不是紧紧跟随在政府后面，相应的教育理念也是如此，批判思维是一流（尤其是顶尖）大学本科教育的重点。新科技革命下的互联网思维与此正好合拍。此方面则是国内高校目前最大的软肋所在。

三、上海师范大学商学院在应用创新型金融人才培养中的实践

笔者所在的上海师范大学商学院不像国内著名的经济学院或者商学院那样具有悠久的历史和厚重的人文传统，因而从学院建立起就力求采用国际通用的商学院模式进行学生培养。我们参照国外商学院培养模式，剖析未来金融人才的需求特点，对金融类专业本科教育模式的变革进行了初步探索。笔者以为很多实践做法充分适应了新科技革命的需要。

（一）"四维一体"的互动式教学新模式

在具体教学过程中，我们构建起"理论教学＋案例教学＋实验教学＋实践教学"四维一体的互动式教学新模式，具体如图 2 所示。在"四维一体"的应用创新型金融技术复合人才培养模式中，理论教学是基础，重在传授知识、学习原理；案例教学是理论教学内容在实际情景中的延伸应用，重在培养应用创新意识与逻辑思维体系；实验教学是理论教学内容的应用创新式地实现，重在提升应用创新技能；实践教学是应用理论知识、实践金融应用创新技能的综合环节，重在把理论综合地应用于专业实践。其中，依托新科技革命下互联网信息技术的案例教学和实验教学是"四维一体"教学模式的两大支柱。

（二）"四维一体"教学模式指导下的教学内容体系化

应用创新型金融人才的培养需要学校和社会平台共同构建。学校主要进行理论知识的传播，而社会则主要为理论提供实践的平台。

1. 依托信息技术创新着重于基本知识点和基本原理的理论教学。继承传统的理论教学仍着重于对基本知识点和基本原理的学习，但同时通过自编或采编案例来帮助学生理解抽象的理论和概念，并借助模拟操作，让学生将理论运用于实际。教学中，考虑到专业课程的前后衔接，我们制定了标准化的理论教学要求，保证本科阶段学生专业学习的连续性，并引入了培养学生认知新闻敏感性的能力训练。

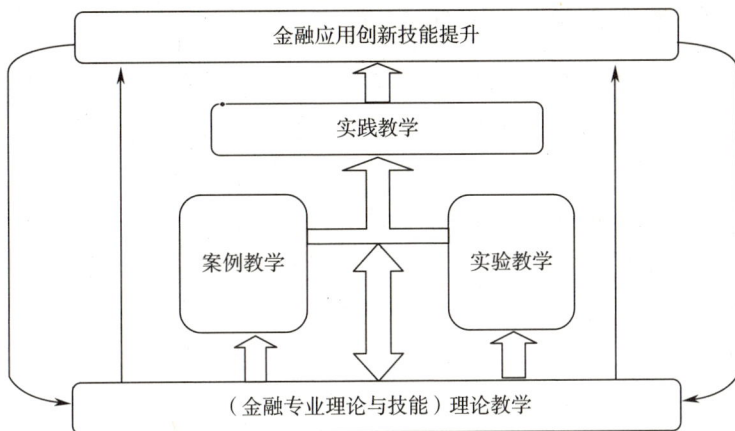

图2 "四维一体"的应用创新型金融技术复合人才培养模式

2. 在本科教学中开展和推广案例教学。人才培养过程中，在夯实学生专业知识的同时，更需要结合市场热点来展开案例讨论，培养学生思考问题的专业性及团队协作意识。我们以应用创新型人才培养为目标，进行教学案例库建设。案例的编写借鉴加拿大西安大略大学毅伟商学院模式，严格遵照学院所提供的范本，并为学生提供案例分析报告范本，为老师提供案例讲评的参考标准。同时成立了经济管理案例中心，从事案例研究与开发，以及案例教学与分析方法的总结和交流。

3. 大力发展提高学生理论联系实际能力的实验教学。金融实验教学中心可同时满足200多名学生实验教学的需要，模拟软件涵盖了银行、保险、证券和期货四大行业。系统化、多层次应用导向的统计分析软件涉及 MATLAB、SPSS、R、S-PLUS、EVIEWS、SAS 等。并出版多本实验教材，开设30余门实验课程，全面覆盖金融类专业。学生通过实验项目，增强了借助软件分析解决实际问题的能力。

4. 积极拓展与校外实践训练相结合的实践教学。通过与金融机构多年的沟通与交流，与包括银行、基金公司、证券公司、期货公司、信用评级公司等金融投资类、风险管理类机构签约形成了产学研合作基地，建立了稳定的学生实习就业伙伴关系。同时，努力创新实习模式，建立了从认知实习到假期实习再到毕业实习的全程实践教学，为每名学生配备专门的实习指导老师，跟踪走访学生实习单位，了解企业用人需求的变化趋势和对人才培养规格的最新诉求，及时调整理论教学课程模块，与时俱进。

（三）教材体系经典化、本土化、立体化

金融知识的更新变化十分迅速，在专业教材选取方面，我们采取优先选用国外经典教材和结合学生特点及社会需求的自编教材相结合。金融基础理论知识是相对经典的，但好的教材应该是动态修订和完善的，国外经典教材在动态更新这方面做得比较好，而且国内出版社的引进步伐也比较快，不过缺乏中国案例是国外教材的弱项。所以我们也鼓励专业教师结合教学内容和教学特点，取长补短，出版自编教材。为了避免教材出版上的功利主义，我们要求自编教材需经校外同行专家讨论评议，并手稿试用两年得到学生好评后方允许出版，同时在此基础上推动立体化教材体系建设，出版配套的实验指导书和案例讨论书。

（四）利用第二课堂鼓励学生科研创新

课堂教学不仅要传授专业知识，还要实施创新教育，仅仅依靠课堂教学实现创新教育恐怕是难以完全实现的，因此需要充分开展第二课堂作为补充。我们组织学生参加全国性的专业比赛，借助于各级组织所提供的科研创新机会，鼓励专业教师指导学生完成科研立项。如此充分利用课外时间，组织学生参与，引导学生多实践创新，多锻炼技能，形成了课外课内相结合的全方位创新教育方式。

四、中国金融类专业本科教育变革的展望

新科技革命冲击着传统金融业态和思维，由此也必将推动中国金融学教育的变革。但是有一点是注定的，教育是面向市场的，没有市场需求的教育注定是不可持续的。

表1、表2列出了职友集招聘网统计的经济学类本科专业和工商管理类本科专业的就业指数排名。

表1　　　　　　　　　　　经济学类本科专业就业指数排名

排名	专业名称	就业指数
1	保险	196 791
2	金融学	140 394
3	经济学	101 449
4	投资学	84 959

续表

排名	专业名称	就业指数
5	税务	30 047
6	信用管理	13 427
7	金融工程	11 043
8	贸易经济	4 592
9	财政学	4 017
10	金融数学	2 420

表2　　　　　　　　　工商管理类本科专业就业指数排名

排名	专业名称	就业指数
1	市场营销	231 472
2	人力资源管理	156 840
3	电子商务	101 256
4	会计学	97 100
5	旅游管理	92 932
6	商品学	78 072
7	物流管理	46 686
8	财务管理	33 766
9	商务策划管理	31 366
10	国际商务	28 042

注：排名根据2014年12月相关专业招聘职位量统计所得。

从表1、表2我们可以看出，金融学类本科专业的社会需求还是比较巨大的，但是其内部结构很不均衡，某些专业的需求相对较少，某些专业可能确实不适合作为本科专业设置，而改为研究生阶段培养为好。因此，笔者认为减少金融类本科专业过细的设置，突出通识教育是中国金融类专业本科教育变革的首要方向。在本科专业目录不易轻易调整，已招生专业也不易轻言放弃或者关闭的前提下，采用入学时大类招生、前两年通识教育、第三年再分专业也许是最现实的做法。同时，积极适应新科技革命下教育走向MOOC的趋势，各高校积极合作，实现不同学校和教育平台之间的知识共享和互通，如此中国金融类专业本科教育有望迎来一个新的发展春天。

参考文献

［1］陈长民：《对金融学科建设问题的几点认识》，载《金融教学与研究》，2012（3），69～71页。

［2］陈雨露：《中国需要"大金融"战略》，载《环球时报》，2013－05－25。

［3］陈雨露：《走向核心国家：中国的大金融战略与发展路径》，2013－05－25。

［4］陈雨露：《大金融战略的内涵和实践路径》，载《中国金融》，2013（12），25～28页。

［5］陈雨露、马勇：《大金融论纲——一个全球性的命题》，载《环球财经》，2012（11），27～30页。

［6］陈雨露：《中国金融学科60年：历程、逻辑与展望》，载《中国大学教学》，2010（1），13～17页。

［7］封俊国、严婧、刘洪生：《"大金融"战略下的金融学科建设研究》，载《金融教学与研究》，2013（5），62～64页。

［8］黄达：《金融学》，北京，中国人民大学出版社，2003。

［9］张玉明：《财务管理学科的改革：构建财务金融学科的设想》，载《中国大学教学》，2007（7），52～55页。

［10］贝尔：《后工业化社会的到来》（中译本），北京，新华出版社，1997。

［11］奈斯比特：《大趋势：改变我们生活的十个新方向》（中译本），北京，中国社会科学出版社，1984。

［12］托夫勒：《第三次浪潮》（中译本），北京，中信出版社，2006。

研究型大学本科生金融学专业课程
教学方式与考试方式改革效应分析[①]

南京农业大学金融学院 林乐芬 蔡金岳

摘要： 南京农业大学致力于建设成为世界一流的研究型农业大学，其教学方式、考试方式必然凸显研究性特征，本文通过对其中 5 门金融学专业基础课和专业核心课程的本科生问卷调查数据，建立三级指标评价体系，基于课程教学方式和考试方式改革两个维度，对改革的教学效益、科研效益、实践效益、学习评价效益和学习促进效益五个方面进行统计分析，并通过模糊综合评价的方法，对已进行的课程改革效果进行实证评价。

关键词： 研究型大学 金融学本科生 教学方式与考试方式改革 模糊综合评价

十余年来，课程教学方式与考试方式改革一直是我国各高校致力于提高大学本科教育水平目标的重要手段和重要工具。但是，不同高校的目标定位，决定了教学方式和考试方式改革的异质性。研究型大学、教学科研型大学和以教学为主的大学，其本科课程设置、教学方式和考试方式都有其自身的特色。南京农业大学致力于建设成为世界一流的研究型农业大学，其教学方式、考试方式必然凸显研究性特征，因此，形成了一系列研究型特色的教学方式和理念。但是，这种教学方式和考试方式改革的效应如何？取得了哪些成绩？存在哪些不足？本文以南京农业大学金融学院为例，运用统计分析和模糊综合评价方法实证分析，其研究成果不仅有助于南京农业大学"十三五"金融学课程教学方式和考试方式的进一步优化，而且对该校其他专业以及全国其他定位于研究型大学的本科课程教学方式、考试方式改革也有其借鉴意义。

---

① 本文是 2013—2014 年南京农业大学校级教育教学改革研究项目"金融学课程教学方法与考试改革研究——基于本科生的需求视角"（项目编号：2013Y051）的阶段性成果。

一、文献综述

关于研究型大学本科生教学方式改革方面，许迈进（2007）、王福胜（2011）认为，由于历史发展和社会现实的影响，我国研究型大学中都不同程度地存在教学和科研的冲突，大学过多地把时间、精力投入到科研活动中，敷衍甚至放弃教学，导致科研成果与教学质量、人才培养出现零相关甚至负相关，教学与科研脱节。马廷奇（2009）、韩秋莹（2012）指出，在教学活动中要注重知识与研究方法的融合，把科研的思路带到课堂，采用讨论、师生互动的教学方式，培养学生发现问题、分析问题、解决问题的能力。薛成龙（2008）在比较中美研究型大学课程结构后建议，在教学内容、课程体系、教学方式等方面建立一个以学生为学习主体的人才培养模式。在具体的教学活动中，也有不少专家学者在教学方式方面进行了一些尝试。张亦春（2001）指出，在金融学教学当中，专业基础课应以讲授为主，专业核心课则应该运用案例教学法、小组教学法、模拟教学法等增强学生对所学知识的理解，提高教学效果。施承勤（2010）则在金融学教学当中尝试项目教学法以及多媒体教学法，改变了学生被动式教学的惯性，调动了学生的积极性，培养了他们团队协作的能力和个人分析问题的能力。

关于研究型大学本科生考试方式改革方面，国内现行的考试方式可以分为闭卷考试、限制性开卷考试、开卷考试、口试、论文形式考试和操作性考试等形式。高艳阳（2003）、赵淑华（2012）、郑建新（2009）指出，闭卷考试是能有效保证教学基本内容以及教学质量的考试方式，并且闭卷考试也便于学校管理。但是闭卷考试其内容拘泥于教材内容，偏重知识考查而忽视能力考核，从而影响了学生自学能力、综合应用能力、动手能力和创造能力的培养。张同心（2011）指出，闭卷考试造成学生在学习时，唯标准化论，限制了学生在知识学习中的创新思维和发散思维。张峰（2003）、宋千红（2010）指出，限制性开卷考试通过让学生自己准备备课提纲，促使学生将学过的知识进行总结、归纳、提升，培养锻炼了学生的自学能力、综合归纳能力、科学思维能力，促进了教学，并且调动了学生的学习积极性。张得心（2010）、赵淑华（2012）指出，开卷考试的最大优点在于其可检查学生对知识的理解，能在一定程度上了解学生应用知识的能力。但是也可能造成一些学生由于盲目地乱找资料，从而影响了自己的成绩。尹幼明（2003）、李永斌（2011）认为论文形式的考试使课内知识与课外知识相结合，培养了学生独立获取课外知识的能力，使学生学会了查阅资料、获取信息、处理信息的初步方法；但是由于论文是在课外完成，对自律性较差的学生来讲学习效果偏差，有些学生甚至抄袭他人的文章。林志强、张旭日（2011）指出，口试的评测范围相对较广，考官可以根据不同学生的不同情况提出不同的问题，给学生以充分发挥的时间和空间，在考核学生对知识理解的深度方面更有其独到之处。口试的弊端也是显而易见的。其主要表现为：适用性较低，考题片面和评分主观等。

综上，已有研究为本文提供了较好借鉴，南京农业大学作为一所致力于高水平的研究型农业大学，对本科生教学方式改革的实践已经进行了十余年的探索，在教学方式方面总结出了"传统讲授式教学法"、"基于问题的教学法"、"基于项目的教学法"、"基于案例的教学法"、"基于发现的教学法"、"开放式教学法"、"以兴趣为导向的教学法"、"小组合作式教学法"、"研讨式教学法"、"小班化"的教学法、"大班化教学，小班化研讨"的教学法等 11 种教学方式。对考试方式的改革也作了多种形式的实践探索。本着提高南京农业大学教育质量，为实现培育"知识、能力、素质"三位一体的人才目标，本文基于南京农业大学金融学专业本科生视角，从专业课和基础课等方面，就教学方式和考试方式对大学生科研能力的影响进行深入研究与探索。

二、描述性统计

南京农业大学金融学本科课程共 12 门，分为专业基础课和专业核心课两大类，其中专业基础课包括学科导论、国际金融、货币银行学、公共经济学、投资学五门；专业核心课包括中央银行学、商业银行管理学、金融工程学概论、保险学、公司金融学、金融企业会计、金融市场学七门。2014 年 6 月，课题组对南京农业大学金融学大二年级的学生进行了问卷调查和访谈。之所以选取大二学生，其初衷是因为这一年级学生刚刚在大一学年结束了基础课程的学习，同时又经过了大二学年部分专业基础课和专业核心课程的学习，在对大学本科教育已有充分认识的基础上，对于专业课程的教学方式带来的效果有着自己的评价，这一评价结果也体现出从学生的视角对于教学方式改革最为直接的需求。调研涉及南京农业大学金融学专业大二年级的五门课程，分别为国际金融、货币银行学、公共经济学三门专业基础课，以及保险学、金融市场学两门专业核心课。

本次调研对象中，女生 123 名，占比 59%，男生 87 名，占比 41%。实收 217 份问卷，其中有效问卷为 196 份，有效问卷率为 90.32%。研究主要从教学方式和考试方式两个维度展开。

（一）教学方式对科研支持的评价统计

1. 教学方式对科研知识储备的支持方面。从现有教学方式对于科研所提供的知识储备的支持方面来看，总体来说，选择"很好"和"比较好"的占比都在75%之上，并且对于五门课程都没有出现认为最低的"很差"评价。从学生的反映来看，普遍认为已有的教学方式给了他们进行发现和分析问题的知识和工具积累，可以运用在课堂上所学到的知识来分析解决学科中的问题，教学对于扎实研究型大学学生科研的基础起到了普遍意义上的促进作用。横向比较，在所调查的五门金融学专业课程当中，国际金融的总体认可程度（选择"很好"和"比较好"的比例）最高，说明这门课程的教学中老师对于课程整体知识体系、原理和思路在教学中的把握更清楚，引入的案例对所学知识与问题的分析直接相关，使得教学对科研的支持表现更突出（见表1）。

表1　　　　　　教学方式对科研所提供的知识储备的支持统计　　　　单位：人、%

	国际金融		公共经济学		货币银行学		保险学		金融市场学	
	人数	占比	人数	占比	人数	占比	人数	占比	人数	占比
很好	98	50	71	36	83	42	73	37	85	43
比较好	67	35	80	41	56	29	70	36	67	34
一般	28	14	43	22	48	24	44	23	41	20
比较差	3	1	3	1	9	5	9	4	6	3
很差	0		0		0		0		0	

2. 教学方式对科研能力的支持。从已有的教学方式对于本科生科研能力所产生的促进效果来看，虽然总体上来说，选择"很好"和"比较好"仍然占到大多数。不过，选择"一般"的学生数量相比较于教学方式对科研知识储备支持的评价来说更多，其中，货币银行学和保险学课程中选择评价为"一般"的人数超过了选择"较好"，在对于公共经济学的评价中超过了"很好"的评价，而金融市场学选择"很好"、"比较好"和"一般"的人数较为接近。可以认为，现在的课堂教学中，虽然其在对学生科研能力的锻炼上有所提升，不过相比较于知识的储备略显不足，这一点在公共经济学、货币银行学、保险学以及金融市场学的课程里都有体现，而国际金融课程的评价分布呈现出右偏的形状，说明这门课程在对学生科研能力的培养上提供了显著的帮助（见表2）。

表2　　　　　教学方式对科研能力所产生的促进效果统计　　　单位：人、%

	国际金融		公共经济学		货币银行学		保险学		金融市场学	
	人数	占比	人数	占比	人数	占比	人数	占比	人数	占比
很好	76	39	57	29	71	36	73	37	64	33
比较好	62	31	68	35	50	26	44	22	67	34
一般	48	25	60	31	59	30	64	34	59	30
比较差	8	4	9	4	12	6	12	6	6	2
很差	3	1	3	1	3	2	3	1	3	1

　　3. 教学方式对科研的机会支持。从教学方式对科研机会的支持方面来看，公共经济学选择"一般"的人数与选择"很好"、"较好"的人数差不多，货币银行学、保险学和金融市场学选择"很好"和"一般"的人数显著高于选择"比较好"的人数，呈现U型分布，说明目前的教学方式中，科研机会呈现出不均等的分布，有的学生能够参与其中，有的学生并没有很好的参与感，并且国际金融、公共经济学和货币银行学都有给出"很差"的评价，体现出有少数学生对这几门课程研究参与感的极度缺乏（见表3）。

表3　　　　　教学方式对科研的机会支持统计　　　单位：人、%

	国际金融		公共经济学		货币银行学		保险学		金融市场学	
	人数	占比	人数	占比	人数	占比	人数	占比	人数	占比
很好	67	34	62	32	68	35	70	36	79	40
比较好	62	32	57	29	45	23	38	19	47	24
一般	45	24	65	34	59	30	79	41	64	33
比较差	17	9	9	4	21	10	9	4	9	3
很差	3	1	3	1	3	2	0		0	

　　（二）教学方式对教学质量提高的效果评价统计

　　1. 教学方式对学习需求满足的评价。从当前教学方式对学生们的学习需求的满足程度来看，被调查的五门金融专业课程都呈现出倒U型的分布态势，选择"比较好"评价的人数都为最多，之后依次是"很好"和"一般"，可见现有的教学方法基本能满足学生们的学习需要，可以帮助他们顺利地进行课程内容的学习，不过仍然存在提升的空间，可以尝试拓宽课堂教学的外延，让学生不仅可以完成课程知识的学习，还可以进一步满足其对课堂教学之外的学科知识的学习需求（见表4）。

表4 教学方式对学习需求满足的评价统计 单位：人、%

	国际金融		公共经济学		货币银行学		保险学		金融市场学	
	人数	占比	人数	占比	人数	占比	人数	占比	人数	占比
很好	70	36	51	26	65	33	53	27	66	34
比较好	84	43	102	52	86	44	94	48	92	47
一般	36	19	43	22	42	21	44	22	37	19
比较差	3	1	0		3	2	6	3	0	
很差	3	1	0		0		0		0	

2. 教学方式对学习能力提升的评价。根据教学方式对学生学习能力的提升所进行的问卷调查结果发现，五门课程的调查结果都呈现右偏分布的形状，说明在对于学生学习能力的培养上，金融学专业课程都表现得很重视。其中国际金融、公共经济学、保险学、金融市场学"很好"和"比较好"占比在75%以上（见表5）。

表5 教学方式对学习能力提升的评统计 单位：人、%

	国际金融		公共经济学		货币银行学		保险学		金融市场学	
	人数	占比	人数	占比	人数	占比	人数	占比	人数	占比
很好	78	40	71	36	83	42	85	43	81	41
比较好	70	36	68	36	45	23	56	29	66	34
一般	42	21	51	26	65	33	50	25	46	24
比较差	6	3	3	2	3	2	6	3	3	1
很差	0		0		0		0		0	

3. 教学方式对学习兴趣提升的评价。从教学方式对学生学习兴趣提升的调查结果来看，各门课程之间存在着较为显著的差异，国际金融和金融市场学的统计分布依旧是右偏，呈现出良好的态势，这两门课程教学方式的运用在学生们对于学科的兴趣方面产生了激励的作用；货币银行学和保险学的统计分布呈现U型，这两门课的教学方式激发了一部分学生的学习兴趣，此外，公共经济学的调查结果来看，选择"比较好"的占到最多数，而选择"很好"的评价最少，说明这一门课程在课堂教学的趣味性和生动性方面还有着较大的提升空间（见表6）。

表6　　　　　　　　教学方式对学习兴趣提升的评价统计　　　　单位：人、%

	国际金融		公共经济学		货币银行学		保险学		金融市场学	
	人数	占比	人数	占比	人数	占比	人数	占比	人数	占比
很好	81	41	48	25	71	36	64	33	75	38
比较好	56	29	80	42	56	29	53	27	72	37
一般	53	27	65	33	65	33	67	34	43	23
比较差	6	3	0	0	3	2	12	6	3	1
很差	0	0	0		0	0	0		3	1

（三）教学方式对实践促进效果评价统计

1. 教学方式对学科前沿问题引入效果的评价。从课堂教学对学科前沿问题和新发展的介绍上来看，整体性上，认为"很好"和"比较好"的学生占大多数，没有出现"很差"的评价，可以认为引入学科前沿问题这一改革是有效的。国际金融、公共经济学、金融市场学的评价分布呈现出明显的由高向低递减的趋势，这些课程的课堂教学当中，学生们能够很好地接触到该学科最新的资讯，这在学生研究性的实践中将起到引导性和方向性的作用，其余的两门课程中，大多数学生在这一点上评价为"较好"，相比较而言表现得略显不足（见表7）。

表7　　　　　　教学方式对学科前沿问题的引入效果的评价统计　　　单位：人、%

	国际金融		公共经济学		货币银行学		保险学		金融市场学	
	人数	占比	人数	占比	人数	占比	人数	占比	人数	占比
很好	73	37	72	37	62	32	61	31	78	40
比较好	59	30	58	29	71	36	73	37	58	29
一般	53	27	55	28	48	24	50	26	43	22
比较差	11	6	12	6	15	8	12	6	17	9
很差	0		0		0		0		0	

2. 教学方式对课外学科实践引导效果的评价。从课堂教学对课外实践的引导效果看，除了国际金融课程以外的四门课程在这一问题的评价选择"很好"、"比较好"和"一般"的学生数量相近，说明学生对于金融学课程的课外实践效

果感觉较为模糊。这主要是因为在研究型大学中，课程的课外实践内容多为文献资料的查阅与整理、实验室模拟股票交易等，真正去银行、证券公司等金融部门进行实务实践在这些课程教学中涉及较少。

表8 教学方式对课外学科实践引导效果的评价统计   单位：人、%

	国际金融		公共经济学		货币银行学		保险学		金融市场学	
	人数	占比	人数	占比	人数	占比	人数	占比	人数	占比
很好	81	41	70	36	68	35	61	31	63	32
比较好	59	31	50	25	53	27	62	32	61	31
一般	45	23	61	32	59	30	60	31	61	31
比较差	8	4	15	7	12	6	12	6	12	6
很差	3	1	0		3	2	0		0	

（四）考试方式对学习效果评价统计

1. 考试方式对真实反映学习效果程度的评价。从考试方式对真实反映本科生学习效果程度的评价上来看（见表9），五门课程呈现出相同的正态分布，最多的评价都是"比较好"，向两侧依次递减，这一态势在国际金融课程中表现得更为明显。这体现出考试方式的改革对于学生学习效果的反映是良好的，但仍存在不足，传统的闭卷考试方式带来的突击和作弊问题、论文形式的考试带来的成绩均等化问题等并没有得到很好的解决。

表9 考试方式对真实反映学习效果的评价统计   单位：人、%

	国际金融		公共经济学		货币银行学		保险学		金融市场学	
	人数	占比	人数	占比	人数	占比	人数	占比	人数	占比
很好	50	26	55	28)	62	32	67	34	69	35)
比较好	95	49	86	44	80	40	73	28	72	37
一般	45	22	49	25	39	20	44	22	46	24
比较差	6	3	6	3	15	8	12	6	9	4
很差	0		0		0		0		0	

2. 考试方式对综合反映学生素质效果程度的评价。从考试方式对于综合反映学生素质提高的程度上看，与考试方式对学习效果的反映程度类似，除保险学以外，选择"比较好"的学生占多数。说明在考试方式多样化的改革中，多方面考查学生，而非单一以成绩衡量的方式，这一目标得到较好的实现，不过尚存在不足，主要表现为考试方式与教学方式的脱节，以及平时考核方式与期末考试

方式不能有效结合在对学生综合评价体系上。

表 10　　　　考试方式对综合反映学生素质效果程度的评价统计　　　单位：人、%

	国际金融		公共经济学		货币银行学		保险学		金融市场学	
	人数	占比	人数	占比	人数	占比	人数	占比	人数	占比
很好	56	29	52	26	50	26	59	30	55	28
比较好	73	37	72	37	71	36	59	30	72	37
一般	56	29	58	29	59	30	67	34	58	29
比较差	8	4	12	6	12	6	12	6	12	6
很差	3	1	3	2	3	1	0		0	

基于上述描述统计，本文将进一步通过模糊综合评价方法，就五门课程教学方式改革和考试方式改革总体效益进行实证分析。

三、模糊综合评价的实证分析

模糊综合评价模型分为三步：第一步，根据评价集和单一指标对评价集的隶属度，得出单因素的模糊评价；第二步，通过唯一参照物比较法确立指标权重；第三步，将各个指标评价结果进行加权，通过层次分级得出评价对象的评价结果。

1. 构建指标集。将影响评价对象的主要因素构成评价指标级 U，$U = \{X_1, X_2, \cdots, X_m\}$，确定评价对象的因素集，即确定评价指标。从教学方式和考试方式两个方面建立综合评价指标体系，共分 2 个一级指标、6 个二级指标、12 个三级指标（见表 11）。

表 11　　　　　　教学方式和考试方式综合评价指标体系

一级指标	二级指标	三级指标
教学方式（0.56）	学术效益（0.38）	能否为科研提供足够的知识支持（0.38）
		能否为科研提供足够的科研能力支持（0.32）
		能否为科研提供足够的训练机会（0.30）
	教学效益（0.38）	是否能满足学习需求（0.32）
		是否能够提高解决问题的能力（0.36）
		是否能够促进学习兴趣（0.32）
	实践效益（0.24）	是否能够促进学生对学科新发展的认识（0.56）
		是否促进学生更多地开展课外的学科实践（0.44）

续表

一级指标	二级指标	三级指标
考试方式 （0.44）	学习评价效益 （0.56）	能否真实地反映学习效果 （0.55）
		能否全面地考查综合素质 （0.45）
	学习促进效益 （0.44）	是否能够提升学习效果 （0.56）
		是否能够促进学习兴趣 （0.44）

2. 构建评价集。将对评价指标可能作出的评价结果形成评价集 V，$V = \{V_1, V_2, \cdots, V_n\}$。总共分为优、良、一般、差、极差五个档次，并且对各个评价分别赋值 5、4、3、2、1。即 $V = \{V_1, V_2, V_3, V_4, V_5\} = \{1, 2, 3, 4, 5\}$（见表 12）。

表 12 评价定量分级标准

评价值	评语	定级
$V \geqslant 4.5$	完全同意	E_1
$3.5 \leqslant V < 4.5$	基本同意	E_2
$2.5 \leqslant V < 3.5$	有点同意	E_3
$1.5 \leqslant V < 2.5$	基本不同意	E_4
$V \leqslant 1.5$	完全不同意	E_5

3. 单因素的模糊评价。对评价指标集中的单个指标进行评价，确定出评价指标对评价集中的隶属程度。设对评价指标集中第 i 个指标进行评价的时候，对评价集中第 j 个元素的隶属度为 r_{ij}，则第 i 个指标评价结果用模糊集合表示为

$$R_i = \frac{r_{i1}}{V_1} + \frac{r_{i2}}{V_2} + \cdots + \frac{r_{ij}}{V_j}$$

将隶属度向量 R_i 乘以评价向量 V，即 $R_i \times V^T = E_i$，根据隶属度矩阵，对评价体系中的三级指标进行单因素模糊评价。

国际金融课程学术效益下的三级指标单因素评价：

$$V_1 = R_1 \times V^T = \begin{bmatrix} 0.5 & 0.34 & 0.14 & 0.1 & 0 \\ 0.39 & 0.31 & 0.24 & 0.04 & 0.01 \\ 0.35 & 0.32 & 0.23 & 0.09 & 0.01 \end{bmatrix} \times \begin{bmatrix} 5 \\ 4 \\ 3 \\ 2 \\ 1 \end{bmatrix} = \begin{bmatrix} 4.33 \\ 4.01 \\ 3.84 \end{bmatrix}$$

同理得到各门课程各三级指标单因素评价结果。

4. 唯一参照物比较法确定指标项权重。由专家评价法，请评价组专家在包含 m 个指标的指标集 $\{X_j\}$ 中选取最不重要的一个且只有一个指标，将其记为

X_{jm}，其余的指标为 X_{ji}，$i = 1$，2，$\cdots$，$m - 1$。

给出 X_{ji}（$i = 1$，2，$\cdots$，$m - 1$）和 X_{jm} 之间相对重要性比值 r_{im} 的估计区间 D_i，即 $r_{im} = a_i \in \left[d_{1i}, d_{2i} \right] = D_i$，$i = 1$，$2$，$\cdots$，$m - 1$。由于 L 专家给出的 D_i 之间存在差异，因此需要对各位专家的估计结果进行综合，并得出一个理想的结果，因此设第 k 位专家给出的相对重要性比值的估计区间位 $D_i^{\,k} = \left[d_{1i}^{\,k}, d_{2i}^{\,k} \right]$，$k = 1$，$2$，$\cdots$，$L$。可以得到有指标项权重 $\omega_j = \dfrac{\phi_{\lambda_j}(D_j^*)}{\sum\limits_{i=1}^{m} \phi_{\lambda_i}(D_i^*)}$，$j = 1$，$2$，$\cdots$，$m$，

以及权重向量 $\omega = \{\omega_1, \omega_2, \cdots, \omega_m\}$。

5. 得出评价结果。取 ω 向量为权重，单一因素评价结果向量 $E = \{E_1, E_2, \cdots, E_n\}$ 进行加权，即 $E \times \omega^T = v$，v 即为评价对象的模糊评价结果。通过唯一参照物比较法（G2 – 法），对指标体系中各一级二级指标确定相对权重。评价结果见表 13。

表 13　　　　　　　教学方式和考试方式改革效益评价结果

	国际金融	公共经济学	货币银行学	保险学	金融市场学
学术效益	4.08	3.95	3.82	3.94	4.09
教学效益	4.11	3.97	4.02	4	4.13
实践效益	4.02	3.94	3.78	3.91	3.95
学习评价效益	3.93	3.9	3.76	3.93	3.96
学习促进效益	3.97	3.95	3.85	3.9	3.97
综合效益评价	4.02	3.94	3.85	3.94	4.02
总效益评价	3.954				

实证结果发现，五门课程的课程改革综合效益均为良好等级，其中国际金融和金融市场学评价得分高于 4.0，均为 4.02，其他的三门课程评价结果不足 4.0，分别为 3.94、3.85 和 3.94。可见，南京农业大学的金融学课程在经历了十余年的课程改革之后，目前的教学方式和考试方式均取得了较好的成效，但仍然存在不足。

四、研究结论

根据模糊综合评价的实证结果，可以得出以下结论。

1. 教学改革的教学效益显著。从改革效益之间的比较来看，五门课的课程

改革效益评价最高的都是教学方式改革带来的教学效益，其中除公共经济学以外，其他四门课程这一项的评价均高于 4.0，说明课程改革以来，对于教学方式的改革始终是其重点内容，并且在这一方面已经效果显著。

2. 教学改革能有效促进学生科研能力的提升，但部分理论性强的课程在对科研参与机会的提供上存在不足。从课程改革对于科研的促进作用来看，南京农业大学定位于建设世界一流的研究型农业大学，对于学生科研能力的培养一直是学校教学的一个重要环节，在课程改革中也强调要使课程的教学和考试与学生的科研能力对接。从这次调研的结果来看，国际金融和金融市场学两门课程在这一点上取得了很好的效果，而公共经济学和保险学虽然取得了较为满意的效果，不过依然还有改进的空间，相对来说货币银行学略显不足。

3. 现有的教学方式改革对学生的实践能力培养存在不足，且缺少对应的考试方式，与之形成完整的教学体系。从课程改革的总体效益来看，目前的改革主要集中于教学与科研方面，在对于学生的实践能力培养方面还略显不足。除此之外，之后的课程改革不能仅仅局限于对课堂教学的改革，还要对课程的考试情况进一步加以改革，使之与新的教学方式相适应，采用更丰富的形式，更好地发挥考试本身对于学习效果的评价和促进作用。

参考文献

［1］许迈进、杨行昌：《教学与科研并重：研究型大学和谐发展战略的重要选择》，载《中国高教研究》，2007（4），49~51 页。

［2］王福胜、刘少雪：《我国研究型大学研究生教育要夯实科研—教学—学习连接体》，载《现代教育管理》，2011（2），107~110 页。

［3］马廷奇：《研究型大学本科教育的定位与教学改革方略》，载《武汉理工大学学报》（社会科学版），2009（3），89~94 页。

［4］韩秋莹：《教学研究型大学的教学与科研关系探析》，载《现代教育科学》，2012（1），118~121 页。

［5］薛成龙：《美国研究型大学课程改革的特点与价值取向》，载《大学教育科学》，2008（6），78~85 页。

［6］张亦春、蒋峰：《金融学专业教学方法和教学手段的改进研究》，载《金融教学与研究》，2001（3），32~35 页。

［7］杨勇、朱涛：《金融专业"公司金融学"组合式教学方式探讨》，载

《东南大学学报》(哲学社会科学版)，2010 (S1)，202～204 页。

　　[8] 施承勤：《金融学课程教学探讨》，载《高等工程教育研究》，2010 (S1)，136～137 页。

　　[9] 高艳阳、张峰：《高校考试方法改革研究综述》，载《理工高教研究》，2003 (6)，100～101 页。

　　[10] 赵淑华：《改革模式，建设内涵——高校本科考试方式改革的探索》，载《吉林省教育学院学报》，2012 (8)，57～58 页。

　　[11] 郑建新、田月红：《大学课程考试方式及利弊分析》，载《中国电力教育》，2009 (11)，109～110 页。

　　[12] 李永斌、张同心：《大学考试方式改革与探索》，载《中国电力教育》，2011 (32)，179～180 页。

　　[13] 张得心：《论高等院校考试方式和新模式的探索》，载《辽宁经济管理干部学院学报》，2010 (4)，122～123 页。

　　[14] 林志强、张旭日：《我国高校考试方式与考试制度改革研究》，载《河南社会科学》，2011 (6)，136～138 页。

互联网金融时代金融消费者教育研究

广东财经大学金融学院　　林小玲

摘要：在互联网金融时代，金融消费者面临巨大的风险，保护消费者权益显得越发重要。金融教育对保护消费者权益具有重要意义。本文主要研究我国金融教育现状及制约因素，通过比较借鉴美国、英国、澳大利亚三国的金融消费者教育经验，提出我国金融消费者教育的建议，即应该加强政府立法，成立专门监管机构，投入专项资金建立完整的国民教育体系，特别是重视青少年金融教育、金融人才培养和农村金融教育。

关键词：互联网金融　金融消费者权益　金融消费者教育

一、提出问题

近年来，互联网金融随着"余额宝"的诞生而崛起。与此同时，互联网金融也频频爆发金融消费者遭遇各种侵权和资金损失事件。究其原因，这与互联网金融面临的风险有关。我国互联网金融主要面临以下风险：（1）法律风险。我国互联网金融尚处于起步阶段，目前没有明确的监管与法律约束，整个行业处于无门槛、无标准、无监管的"三无"状态，个别公司违规经营，大搞线下业务，违规发行理财产品，甚至"非法集资"。（2）技术风险。互联网金融企业处于开放式的网络通信系统中，由于保密技术不完善，很容易遭受计算机病毒及网络黑客的攻击。（3）个人信息被泄露、滥用风险。互联网金融上的个人信用信息由于技术漏洞，容易遭泄露、被滥用。（4）信息不对称风险。经济上假设市场信息完全透明，消费者是理性的，从谋求自己最大利益出发进行交易。但实际上，消费者在消费决策方面是非理性的，认知能力是有局限的，互联网金融存在信息不对称与信息不透明问题，消费者容易被金融机构蒙蔽，以至上当受骗。

我们不禁深思，如何降低风险、促使互联网金融稳健发展？互联网金融企业要以金融消费者为中心，要开发出更多产品来满足消费者的潜在需求，也要在金融服务和营销过程中保障金融消费者权利。由此可见，加强金融消费者权益保护已成为中国金融监管的当务之急。金融消费者教育作为一种预防性措施，被摆在金融消费权益保护框架体系中的首位。

金融消费者教育主要对消费者进行金融知识教育，培养其金融技能，提高消费者自我的防范能力和风险能力，掌握金融消费投诉维权知识。只有让全体社会公众更好地了解金融、运用金融、享受金融，有效防范风险，人们才会更放心、更积极地参与各种合法金融活动，从而推动中国金融业的理性发展。

那么，我国金融消费者的教育现状如何呢？

二、我国现状及制约因素

（一）我国现状

我国消费者金融教育在近些年取得一定的成绩。《中华人民共和国消费者权益保护法》第十三条明确规定："消费者享有获得有关消费和消费者权益保护方面的知识的权利。消费者应当努力掌握所需商品或者服务的知识和使用技能，正确使用商品，提高自我保护意识。"《中国保险监督管理委员会关于做好保险消费者权益保护工作的通知》明确规定："要建立保险监管机构、保险行业协会、保险公司和社会各界多方参与的保险消费者教育工作机制，不断丰富消费者教育的内容和形式，以保险基础知识普及、消费维权教育、政策法规解读为主要内容，通过短片、专栏、访谈、公益广告和有奖征文等形式，引导消费者科学消费、理性消费。"人民银行与银监会、证监会、保监会共同研制了《中国金融教育国家战略》，明确了我国金融教育的治理机制、工作目标及实施措施。

随着互联网金融的发展，金融机构为了加强金融产品的宣传，也为了拓展潜在的客户，经常开展金融教育。目前，金融机构主要通过金融知识宣传册、金融讲座、金融教育产品、社区理财俱乐部、网络理财培训课程等金融工具，以理财课程传授、游戏或生活实践等方式，开发了一系列的金融服务项目，比如"校园理财俱乐部"、"校园理财智慧卡"、"社区理财俱乐部"、"网络理财教育培训课程"等，通过引导学生理财实践，培养其良好的理财习惯。

除此之外，某些金融研究机构对消费者金融教育也进行各方面研究。例如，2011 年，平安大华基金对北京、广州、深圳等 10 城市中等收入家庭理财状况进行调查，发布《2011 年中国家庭理财状况调查》报告，指出"金融教育影响居民的投资行为以及投资盈利"。2008 年 10 月 28 日，清华大学中国金融研究中心设立"清华—花旗金融教育与研究项目"，主要从多个渠道推动并开展消费者的金融教育，对消费者的财务行为和相关金融问题进行调研。

当然，比起欧美发达国家，我国在金融教育方面的研究和行动相形见绌。目前，我国金融教育还处于摸索阶段，相关金融教育机构正在对此进行调研，很多金融教育措施也只是零零星星，没有国家的相关立法和专管机构，没有规范的金融教育体系，存在城乡差异和群体差异。很多金融机构对金融教育过多地放在对理财产品的推销上，甚至传达误导信息。

（二）制约因素

1. 传统文化。所谓金融文化环境（杨涤，2011），是一个国家在金融实践中形成的，并对国家的货币政策、金融机构的经营管理活动以及金融发展等产生持久影响力的文化集合，包括金融领域中的金融观念和金融意识、金融思想、金融习惯、金融知识等要素。历史上中国在封建社会统治下，长期是自给自足的小农社会，缺少商业经济；新中国成立后，受前苏联计划经济模式影响，采取计划金融机制，导致计划经济的"金融文化"。我国金融文化缺乏，造成居民理财意识薄弱、理财知识匮乏，金融风险承受能力较差，抑制了个人的金融投资行为。居民不能合理估计风险与收益，对未来可能存在的利率风险、通货膨胀风险、商业风险等缺乏合理预期，对证券产品缺乏系统了解。

2. 学校课程。金融能力是逐步具备的，青少年是金融教育的关键时期。正如"教育要从娃娃抓起"，培养财商也要从孩子的儿童时代开始，未雨绸缪。对于成长中的青少年来说，理财是21世纪生存的必备技能，金融教育是一门不容忽视的大学问。对于国家来说，金融教育关系到如何培养驾驭未来经济的人才，以适应未来经济生活的需要。可是，在高考制度下，应试教育盛行，金融教育往往让位于高考规定的文化课程，难以在学校得到有效开展。一是研究的系统性和严谨性不够，没有完整的理财教育课程体系；二是不能很好地把握理财教育的内涵，培养模式单一，不符合孩子身心发育的特点；三是各部门的活动和资源也未能进行有机的整合，难以形成完善科学的体系。

3. 城乡差异。我国城乡居民之间存在很大的收入差距。改革开放的不断深入，有一部分地区、一部分人先富起来，造就了一批中等富裕人士。这部分资金充盈的中等富裕阶层已成为各大金融机构争夺的主要对象，但是金融机构往往忽视底层的金融理财市场。金融市场不能全方位铺开，导致贫困地区的金融发展愈加落后，社会底层的理财能力匮乏，恶性循环与"钱生钱"的财富效应，将会加剧贫富差距程度，导致社会不和谐，最终影响我国宏观经济发展。另外，由于得不到金融知识指引，非法集资在金融意识淡薄的农村长期存在，应将农村和农民作为教育重点，既兼顾城乡，又突出重点。

4. 其他因素。对比西方发达国家的金融教育，我国还存在以下不足之处。第一，政府相关部门不重视金融教育，体现为没有对金融教育进行立法，没有成立主管部门加以负责，没有固定的财政投入。第二，金融机构对于公众的金融教育投入太少，过多的是对金融产品的推销，相比美国、英国、澳大利亚等国巨大的资金投入，可谓相形见绌。第三，理财信息来源的渠道缺乏，我国居民很容易被道听途说的信息误导，特别是互联网金融信息真假难辨。第四，我国金融业发展起步晚，滞后于发达国家，金融创新产品不可避免地存在风险。金融机构出于利益的追求，滥发理财产品，向客户推销理财产品时不讲道德，夸大收益而忽视风险。第五，金融业缺乏德才兼备的专业金融人才。我国金融业缺少复合型金融理财人才，这与金融理财市场快速发展之间的矛盾日益突出。要想构建一流的金融制度，就必须积累和聚集一流的金融人才。而金融人才的形成、积累和运用与教育制度、金融制度环境密切相关，若没有适应社会需求的金融教育体制和有效的金融制度，难以培训出高水平的人力资源；反过来，金融人才的缺乏也会阻碍有效的金融制度的形成。金融人才的高度专业性要求一个国家必须注重发展金融教育，并鼓励金融机构建立各种层次的培训系统，双管齐下，共同完成金融人才的积累过程。

面对我国金融教育现状及制约因素，如何加以改善？我们要借鉴欧美等发达国家的金融教育经验。

三、国际经验

早在 2008 年金融危机后，金融消费者教育问题就受到国际社会的高度关注。G20 金融峰会上多次将金融消费者教育作为重要议题进行讨论，并呼吁各成员国制定《金融教育国家战略》，积极推进金融消费者教育。综观世界，欧美等国对金融消费者教育早已先行一步。它们从国家到社会金融机构、社区和家庭，上下均协力合作，整合资源，拥有完善的金融消费者教育体系，还有充裕的资金支持和商业浓厚的金融环境，使公民从小就在生活中学习和实践理财。

根据相关资料，美国、英国、澳大利亚三国的金融消费者教育有其异同性，我们要借鉴它们先进的理论与实践经验，吸取精华，为我所用。

1. 立法与监管。应对金融消费权益保障问题，美国、英国、澳大利亚三国都有相应的消费者保护法，并建立专门管理机构。美国政府 2010 年成立了消费者金融保护局，该机构的一个重要职能是开展消费者金融知识教育。2003 年 12 月 4 日，美国颁布《公平准确的信用交易法案》，该法案第五项明确提出通过实施金融教育国家战略。

英国 1998 年颁布《金融服务与市场法》，2010 年 4 月成立消费者金融教育局（CFEB），主要职责在于组织开展英国消费者教育工作。澳大利亚于 1997 年设立证券及投资事务委员会，负责保护金融消费者权益。总之，这些机构通过多种方式对民众进行金融教育，提高国民的金融理财知识水平。一是内设专门机构，具体负责向消费者提供有关金融产品和服务的教育知识；二是通过网站等多种途径提供基础金融知识；三是定期举办"金融扫盲"运动，对全民普及金融知识。

2. 纳入中小学课程教育。美国、英国、澳大利亚三国为学校设置了一套比较完善的金融教育课程体系，从小对公民进行金融教育。美国中小学开设有关财务知识的课程，进行正规的个人金融教育，有些州甚至规定个人金融课程为必修课。美国许多州立大学有消费经济学和个人金融的课程，还有个人理财计划和咨询的专业。

2008 年，英国将个人理财知识纳入正式实施的《国民教育教学大纲》（修订），要求中小学校必须进行金融知识教育。澳大利亚的金融教育体系相对完善。1983 年，建立了澳大利亚第一个金融教育机构——投资培训学院（Investment Training College，ITC），随之构建起金融培训课程体系。澳大利亚很多大学都设置了个人理财课程和专业。

3. 投入专项资金。美联储设有社区事务计划部门，专门负责金融知识宣传教育工作。除此之外，很多金融机构也对金融教育大力支持。例如，2011 年，美国匹兹堡金融服务集团（PNC）投资 12 亿美元于儿童的金融教育，主要展开社区理财教育，让学生及家长受益。

英国金管局成立金融能力指导委员会，专门负责制定实施国民金融素质培养总体规划。英国对金融教育投入大量资金：2004 年 5 月就通过金管局筹集了大约 4 000 万英镑的专项资金，2005 年又设立 10 万英镑的"创新基金"，2006 年末达到 20 万英镑。英国将个人理财知识纳入 2008 年正式实施的《国民教育教学大纲》（修订），要求中小学校必须进行金融知识教育。同时，英国和美国都将宣传普及对象的重点定位在相对弱势的群体，采用"实施教育、发布信息、提供咨询"的全方位普及方法。

澳大利亚联邦银行（以下简称 CBA）在实施金融教育中扮演的角色举足轻重。CBA 于 1932 年开始在公立学校设置学校银行机构；2003 年，CBA 为了实行青少年理财技能课程，专门建立联邦银行基金。2004 年，联邦银行基金与莫那什大学（Monash）、the Ipsos－Eureka 政策研究院合作测试澳大利亚人的理财能力，同时为理财能力缺乏者提供金融扫盲补助。2005 年，CBA 创造金融扫盲评估（AFLA）。2007 年，CBA 实施非常成功的 StartSmart 项目，250 000 名学生参与这项最大的以学校为基础的金融扫盲计划。2010 年，这项计划延伸到小学生。

四、结论与建议

基于以上对我国及欧美发达国家金融教育的分析，得出我国的金融消费者教育远远落后于外国。我们应该按照国情，借鉴其经验，探索中国特色的金融消费者教育之路。

第一，普及全民金融教育。一是制定金融消费者教育相关立法；二是指定部门负责金融消费者教育；三是投入专项资金；四是制定完整的金融消费者教育体系；五是定期开展全民金融教育。银监会作为监管者，要注重消费者教育工作，增加监管工作透明度，强化金融知识普及。

第二，重视农村地区金融教育。我国经济发展的不平衡致使金融发展呈现城乡差异，这种差异性要求针对不同金融消费者群体，开展层次分明、重点突出的金融消费者教育活动。教育重点是强化公众金融知识和风险意识教育，最紧要的应是增强人们的风险意识和对非法集资活动的识别能力。澳大利亚联邦基金的"金融扫盲"项目，以分数为准则，将教育对象分成几组因材施教，为我们提供了很好的可借鉴方法。

第三，加强对青少年的理财教育。青少年理财教育意义深远，需要政府、家庭、学校、社会的重视。政府应该制定理财教育的相关规章制度，并且成立相关机构，推进理财教育的监管，将金融知识普及教育纳入国民教育体系，高度重视义务教育阶段的中小学生金融理财教育。学校应该把理财教育划入学生必修课程，制定完善的理财教育课程体系，并严格推行。从小学阶段就该开始对学生进行金融启蒙教育，在中学阶段逐步增加有关金融知识课程，在大学阶段将相关金融课程作为各专业必修的公共科目。家庭、社区在学生日常生活中引导学生正确理财，让孩子在经济生活中形成良好的习惯。各级各类金融机构将青少年理财教育作为自身必须履行的社会责任和重要的社会公益活动，并纳入企业发展战略规划和年度工作安排，在资金、人力资源配置等安排上给予保障。

第四，培养金融专业人才。金融人才的形成是学校教育与实践培训相结合的多方面因素作用的结果。高校、金融机构可以鼓励有能力、有条件的同学参加理财规划师、金融特许分析师、证券从业资格考试等各类理财职业资格考试，为将来从事金融理财的职业做好准备。金融机构更加要加强与高校合作，应以培养好自己的基础金融人才力量为主。金融机构要定期对相关从业人员进行金融消费者教育的知识培训，构建专业的金融消费者教育人才队伍。

第五，评估实施效果。金融研究机构应建立标准化的金融消费者教育有效性评估体系，定期对各项金融教育项目的有效性进行跟踪调查和评价，不断改进金融消费者教育的方式和内容，提高金融消费者教育的实施效果。例如，澳大利亚联邦银行（CBA）于2003年投入70亿澳元建立联邦银行基金（CBAF），实施"金融扫盲"计划。首先，联邦银行基金对澳大利亚进行抽样调查，根据样品的得分情况划分等级，然后对这些等级分别进行理财教育。六年之后（2010年），对实验的代表样品进行测试，前后的分数作对比，并且与尤里卡（MONASH）大学合作使用MONASH模型验证项目效果。结果发现，理财教育提升了参与者的理财技能，改善了个人生活，从总体上为国家经济提供可估量的利益。

在互联网金融时代，金融消费者教育任重而道远。

参考文献

［1］张丽：《美国金融消费者保护局的实践及启示》，http：//opinion. hexun. com/2013－04－22/153424370. html。

［2］平安大华基金：《2011年中国家庭理财状况调查》，http：//wenku. baidu. com/link? url＝P3sImkP4PW74T1iCpM79BV6UbwgYX6tkErDN EfLZuxe87p0t5qF9MG YqjFysFpC2mG0HKKcWaPRzyTmY5mBPJi4s4GyCptlgGb_ cY1VeBHq。

［3］中国金融业"公平对待消费者"课题组：《英国金融消费者保护与教育实践及对我国的启示》，载《中国金融》，2010（12），59~60页。

［4］杨涤：《金融资源配置论》，北京，中国金融出版社，2011。

［5］肖经建：《消费者金融行为、消费者金融教育和消费者福利》，载《经济研究》，2011，4~16页。

［6］爱德华·肖：《经济发展中的金融深化》，38页，上海，上海三联书店

出版社，1988。

　［7］李哲：《金融教育结构性缺失：对金融危机的一个反思》，载《江西财经大学学报》，2011（5），15页。

　［8］中国家庭金融调查与研究中心、联合西南财经大学：《中国家庭金融调查报告精选》，http：//wenku. baidu. com/link？ url = ukh9xqDwjbWjmecJuqdBG6Wo6M5abiI6Q1hLcvU13oSQVJ － MX75vxVIFRRruHD9NeQGv08Ifj＿ TOXcS9e6NhRWerpM2U7IPc6HwtNRH5Eye 。

　［9］周小川： 《普及金融教育　提高国民金融素质》，载《中国金融》，2007（3）。

　［10］廖凡：《理论突破与机制创新：英国金融消费者保护的晚近发展及其启示》，载《社会科学》，2013（8），99～107页。

基于互联网技术的金融学
本科教学改革研究

新疆大学经济与管理学院　赵军　孙梦健

摘要：为了更好地适应互联网时代对金融学本科教学改革的需要，本文在分析互联网技术在金融学本科教学中应用的现状及发展趋势的基础上，重点研究了我国金融学本科教学面临的挑战，并提出基于互联网技术的金融学本科教学改革的对策和建议。

关键词：互联网　金融学　教学改革

引言

伴随着互联网技术和电子计算机的广泛应用，引发了以"智能革命"和"科技革命"为核心的新一代科技革命的浪潮，这次科技革命波及农业、工业、服务业等各个领域，带来世界范围内经济的快速增长和产业结构的巨大改变，尤其是金融业。依托互联网技术在金融行业的广泛使用，金融领域的变革和创新不断发生，从早期的银行电子化、证券电子化到网上银行等电子支付方式的出现，再到近年支付宝、余额宝等互联网金融在我国的爆发式增长，以及世界范围内如比特币等基于互联网的虚拟货币的出现，不断地对我们所认知的传统金融业进行冲击。面对日新月异的变革，如何应对互联网时代带来的机遇和挑战，与时俱进地推动金融学本科教学改革和金融人才培养模式，为"智能革命"和"科技革命"提供智力支持和人才保障，成为现代金融教学改革的重要课题。

一、互联网技术在金融学本科教学中应用的现状及趋势

（一）互联网技术在金融学本科教学中的应用现状

国外在金融学本科教学中应用互联网技术较为成熟，经过几十年的发展，目前已形成多层次的互联网金融教学体系，互联网的应用已涵盖金融本科教学的各个方面，概括起来，主要包括：（1）在金融学本科教学内容中广泛应用互联网技术。如在金融教学中使用 PowerPoint、多媒体、电子光盘等计算机演示文件进行教学，利用 Excel、SPSS、EViews、SAS、STAT 等统计分析软件进行金融数据处理，运用电子邮件和 BBS 进行课程内容讨论和布置提交作业等教学活动。（2）开设运用互联网技术的金融学课程。以耶鲁大学为例，金融学本科教学课程除了如微观经济学、宏观经济学、金融学、国际金融学等传统的金融学课程，还添加了概率与统计、时间序列的计量经济学、计量经济学和数据分析等基于互联网和计算机软件的课程。（3）网络教学系统在金融学本科教学的应用。目前，几乎所有的国外大学都建有自己的网络教学系统和自己的网站，在网上为学生提供网上课程、交流讨论、文件共享、自动测试、网上杂志和参考资料以及教务管理等服务，有些大学还提供互联网远程教学，供学生远程学习使用。

国内金融学本科教学在互联网技术的应用上起步较晚，从 20 世纪 90 年代起，国内接入互联网和拥有计算机的学校日益增多，基于互联网和计算机技术的多媒体教学才开始普及，国内高校开始在金融学本科教学中广泛应用多媒体教学。在网络学习和远程学习方面，从 2003 年开始，我国启动高校精品课程建设项目，各高校依托自身的金融专业特色，将教学内容互联网化，供广大金融学本科生进行网上学习。同时，各高校也开始基于互联网技术积极发展网络学习平台和远程教育平台，开展金融类课程网上教学和教学辅导、网上作业、网上测试及教务管理等，如中国人民大学的 PRECEDU、北京师范大学的 VCLASS 及清华大学的 THEOL 等。另外，各高校还充分利用自己的图书馆资源和其他企业或高校的数据资源，建立各自的电子书籍和数据库，为金融学本科教学提供电子教学资源。

（二）互联网技术在金融学本科教学中的应用趋势

近年来，基于互联网技术和移动互联网的大规模在线开放课程和移动学习逐

渐成为国内外教育发展的新趋势。大规模在线开放课程，即 MOOC（Massive Open Online Course），是将全球各地的教育资源电子化，再通过互联网将这些优质教育资源输送到世界各地。MOOC 不但可以提供大量的全球优秀教育资源，而且还能够提供与现实教学相类似的学习体验，不仅有固定的开课时间，还有作业和考试，考试通过后会授予电子证书。大规模在线开放课程始于美国，2011 年斯坦福大学教授创立了第一个 MOOC 机构 Coursera，从建设初期到现在，已经有全球 110 所著名大学加入了该组织，其中包括美国常春藤大学等全球顶级高校。课程总共有 76 门经济与金融类课程，在金融类课程中，涵盖了货币银行学、金融市场、金融计量学、金融工程、公司金融等。目前，世界范围内共有 3 家主流的 MOOC 机构，除 Coursera 外，斯坦福大学也创办了自己的 MOOC 机构 Udacity，加州理工学院和哈佛大学也联合推出了 MOOC 机构 edX。在国内，北京大学和清华大学已于 2013 年率先加入 edX 的 MOOC 阵营，此后复旦大学和上海交通大学等高校也逐步加入 Coursera。

移动学习（Mobile Learning）是利用移动设备进行学习的新模式。它不仅不受地域和时间的限制，而且相较于传统教学和网络教学，具有更大的便利性和广泛性，而且可以提供更加快捷的师生双向交流。随着 3G、4G 网络的不断出现，以及智能手机和平板电脑的普及，移动学习已逐渐普及，日益受到人们关注。2000 年开始，欧洲便率先开展了对于移动学习的研究，内容包括移动学习的教学内容、教学模式、教学方法等。许多外国大学建立了自己的 WAP 教育网络和移动网络教育资源，以满足学生移动学习的需要，如美国的 Griffith 大学以及加拿大的 NAIT 等。澳大利亚阿德莱德大学、墨尔本皇家理工大学、美国旧金山大学等更是尝试将 iPad 纳入日常教学中。在国内，北京师范大学现代教育技术研究所于 2006 年开始对手持式网络学习系统进行研究，构建了手持网络学习系统在学科教学中的应用模式与方法，肯定了手持式学习设备的应用价值。在移动学习的影响下，各高校纷纷推出移动教学产品，如鲁东大学与超星公司合作推出"移动图书馆"、华南师范大学与凤凰网联合发布"微课"、兰州大学推出的移动客户端平台等。

二 、我国金融学本科教学面临的挑战

（一）金融领域发展对金融学本科教学内容产生重大影响

随着互联网在金融领域的深入应用，金融电子化、金融创新和金融衍生品的

不断推出早已拓展了传统金融学界定的范围，新的金融工具和金融问题不断产生，金融理论的发展也不再局限于传统的金融学领域，而是涉及更多其他学科，如金融学和数学、统计学和工程学结合而成的"金融工程学"、金融学和心理学结合而成的"行为金融学"、金融学和信息技术结合而成的"网络金融"等。面对金融领域的不断变化，金融学本科教育必须与时俱进，但遗憾的是，在当今金融学本科教育中，教学课程的重点仍然是政治经济学、宏观经济学、微观经济学等传统的金融类课程，且内容陈旧，无法反映金融实际。有些大学虽然结合金融领域的发展，开设了如"金融工程学"、"行为金融学"等课程，但这些课程并非重点课程，在实际授课中也是匆匆带过，难以达到教学目的。为了适应金融发展的需要，运用最新的金融理论及实证方法来解决最新的问题，高校的金融教学内容必须紧跟金融领域的最新研究成果，并及时将这些新的成果融入到金融学本科教学内容中去。

（二）线上教育飞速发展对金融学本科教学方式提出挑战

线上教育，即 E - learning，是以互联网技术为基础，以网络为传播途径的新的教学方式。线上教育不受教学时间和地域的限制，教育资源丰富。我国的线上教育发展迅猛，根据艾瑞咨询发布的《2013—2014 年中国在线教育行业发展报告》数据显示，2013 年我国线上教育的总体规模已达到 839.7 亿元，较 2012 年同比增长 19.9%。线上教育迅猛增长的浪潮对传统的金融学本科教学方式带来挑战。在传统的课堂教学中，老师是课堂的主体，学生始终处于被动的学习环境，许多老师习惯采取"满堂灌"的教学方式，忽视学生的个性与特点，学生缺乏学习的积极性，逃课、旷课的现象很普遍。而利用线上教育，学生可以根据自己的兴趣爱好和实际情况，主动从线上教育资源中获取知识，通过网络实现与教师随时随地的学习和交流，并参与到各种类型的专题讨论组，对感兴趣的问题进行自由讨论和发言，使课堂学习、讨论学习、协作学习等教学方式融为一体。高校金融学本科教师应充分借鉴线上教育带来的新的教育模式和教学方式，从而面对线上教育带来的挑战。

（三）移动学习的发展对金融学教师提出更高的要求

在传统金融学本科教学中，教师是授课的主体，教学工具也相对简单，主要围绕教材、板书、课件等展开教学。而在移动学习时代，教师不能仅仅局限于传统的教学活动，而且要参与到移动学习资源的建设和维护中去，并在教学活动中变传统的教师为主体的授课为动态交互式教学。在教学工具上，手机、平板电脑等各类智能电子设备成为学习的终端，实时通信（IM）、社会性网络服务（SNS）、视频通信（VC）等工具成为学习的主要渠道，这就对教师的综合素质和能力提出了更高的要求。教师除了要具备传统金融教学的基本素质，如丰富的金融专业知识、计算机应用基础、合理的语言表述及教学技能外，还要掌握一定的信息技术，具有建设移动金融教学资源和运用移动教学资源的能力，熟练运用电子设备和移动学习资源；既要成为移动学习金融教学资源的建设者，又要成为移动学习金融教学资源的运用者。

三、基于互联网技术的金融学本科教学改革对策建议

（一）建立金融教学动态调整机制

互联网对金融行业的影响是前所未有的，互联网金融、移动金融的不断涌现，传统金融向信息化金融的快速发展，都对当前的高校金融教学提出了更高的要求。我国金融学本科教学严重滞后于互联网时代金融发展的需要，而造成这一问题的深层次根源在于对金融教学的认识存在误区。金融是一门创新性很强的学科，随着社会经济的不断变化和科技创新的不断产生，金融包含的内容也在不断地进行调整，高校要紧跟金融领域的变化，迅速地调整教学内容，以满足互联网时代金融人才的需求。在互联网时代，高校应建立金融学本科教学改革的动态调整机制，定期地对金融教学的内容进行审核，及时增添新的课程与内容，删减不符合时代要求的课程与内容。同时，高校应利用互联网大数据，对金融领域的实时变化进行跟踪调查，研判未来金融发展趋势，充分认识金融领域变化对金融教学的影响，并及时在金融学本科教学过程中进行动态调整和反馈，推进金融教学改革和发展。

（二）线上教育与线下教育相结合

面对线上教育的激烈竞争，高等院校作为线下教育的主力军，应当积极面对互联网教育带来的挑战，主动融入互联网教育中，在教学中加大对互联网资源的利用，将线下教育与线上教育结合起来，主要包括：（1）高校教学资源向线上教育资源的转化。高校拥有最丰富、最权威的金融教学资源和最庞大、学术水平最高的师资队伍。在互联网时代，通过互联网将这些金融教育资源网络化，能有

效提高高校金融教育资源的使用率，突出高校在我国金融教育发展中的地位和作用。目前，我国部分高校效仿国外大学，推出了网络公开课和 MOOC 课程，取得了不错的成效，但课程分散、总量仍然很小，并未形成完整的教学资源分享平台，高校应加大本校教育资源向线上网络资源的转化力度，加强网络教育平台的建设。（2）加大对线上教育资源的利用程度。目前，我国所有高校都建有多媒体教室，多媒体教学已在高校中普及。高校教师应根据课程的内容制订翔实的网络教学计划，将网络教学内容安排穿插在课前、课间和课后，依托网络教学资源，最大限度地发挥课堂教学的作用。另外，在实践教学环节，教师可依托互联网软件，组织开展金融技能竞赛活动及各类金融交易实训，提高学生运用金融知识的能力。（3）线上教育与课堂教育相互配合，互为补充。线上教育拥有丰富的教学资源，可以提高教学效率和学习便捷性。课堂教育能提供良好的学习环境，提升人与人之间学习的互动性。此外，人品人格教育、智慧思想心理教育等都要靠课堂教育。高校可以作以下方面的尝试，即将授课内容环节转移到线上，而将课堂改造成答疑交流、知识探讨和全面素质教育的集中地，将线上教育和高校课堂教育有机结合起来。

（三）建设移动金融教学平台

移动学习是未来教育发展的趋势，各高校应依托自身丰富的师资力量和数字化学习资源，建设金融学本科移动教育教学平台，引领未来金融教育的发展。在移动教育教学平台的建设中，高校应从如下三方面入手：（1）移动学习资源建设。高校移动学习资源的建设应当全面，不仅包括电子教材，而且要包括素材库、试题库和网络课程库等，在建设过程中要充分挖掘现有的纸质学习资料和多媒体学习资料，将其转化为移动学习资源，不仅内容丰富全面，而且也可减少重新开发的成本。（2）师资队伍的建设。高校教师不仅是移动教学资源的创造者，同时也是移动金融教育教学平台的使用者。在移动金融教育教学平台的建设中，高校要组织教师积极参与、决策、研究和促进学习资源的开发与建设工作，在金融教学使用过程中，要改变传统的教学方式，把课堂讨论、案例分析、情景模拟等新的教学方法融入到传统的教学中去。在移动教学师资队伍组建时，要加强对教师的筛选，尽量选择既有金融教学经验，又熟练掌握移动教学资源与移动学习工具的教师，加大教师关于移动教学的培训力度，发挥高校移动学习平台的效用。（3）学生评价和激励机制的建立。正确地评价移动学习的成果是应用和激励移动学习的前提。高校要建立合适的学生评价指标，如学习时间、阅览量、参与交流的频率等，以综合评定学习者的学习成果。结合学习评价和测试机制，适当地为移动学习课程分配一定比例的学分，激励学生使用和完成移动学习内容。

（四）将互联网金融教育纳入教学考核体系

为了更好地利用互联网金融教育资源，高校应将互联网金融教育纳入考核体系。在教师考核方面，将互联网教育纳入工作量的计算，在教学内容中规定互联网教学所占的比例，并加强学生学习效果的反馈，在此基础上设立教师奖励制度。在学生考核方面，将互联网学习纳入学分的设计中去，并通过开展各种互联网金融学习的培训和竞赛，加大学生对互联网学习的利用程度，促进互联网教学在金融学本科教学中的发展。

参考文献

［1］艾洪德、徐明圣：《新形势下金融学专业本科教学面临的挑战与改革》，载《东北财经大学学报》，2006（4），89～93页。

［2］刁节文：《基于范式转变下的金融教学改革探讨》，载《金融经济》，2008（10），67～68页。

［3］李哲：《金融教育结构性缺失：对金融危机的一个反思》，载《江西财经大学学报》，2011（5），15～18页。

［4］李东荣：《大数据时代的金融人才培养》，载《中国金融》，2013（24），9～10页。

［5］孙芳娇：《科技与金融结合背景下金融教学改革与人才培养》，载《上海金融》，2013（8），113～114页。

［6］王鸿雁：《网络教育资源的利用与甄别》，载《山东社会科学》，2011（S1），199～200页。

［7］王升：《应积极利用信息技术创新金融教学》，载《金融教学与研究》，2009（5），76～77页。

［8］危慧惠、朱新蓉：《全球金融危机与我国金融人才培养》，载《高等教育研究》，2011（1），91～95页。

［9］吴文忠：《谈金融实验教学体系的重新构建》，载《金融教学与研究》，2003（3），48～49页。

［10］于敏：《关于地方高校金融教育发展特色的若干思考》，载《武汉金

融》，2007（9），15～16页。

[11] 余胜泉、刘军：《手持式网络学习系统在学科教学中的应用模式》，载《中国远程教育》，2007（5），64～69页。

[12] 玉素甫·阿布来提：《新技术环境下金融教学的创新》，载《中国管理信息化》，2014（1），138～139页。

[13] 朱晋川：《互联网金融的产生背景、现状分析与趋势研究》，载《农村金融研究》，2013（10），5～8页。

[14] Coursera. https：//www. coursera. org，2014 – 06 – 10.

[15] 中国教育和科研计算机网，http：//www. edu. cn/html/info/2013/mooc/index. shtml，2014 – 06 – 10。

地方本科高校订单式人才培养特色范式的宏观思考①

——以湖北经济学院共建"农银长江学院"为例

湖北经济学院金融学院　　许传华

摘要：根据中国农业银行湖北省分行和湖北经济学院签订共建农银长江学院的战略协议，双方共同开展了"定向班"金融人才培养，联合搭建了协同创新、开放共享的行校合作平台。通过农银长江学院订单式人才培养，双方共建了人才培养方案、双师型教学团队、人才评价体系、实习实训基地、学生选拔机制，充分发挥了量身定制、补足短板、开放共享、协同创新的积极作用。

关键词：校企合作　人才培养　地方高校　特色范式

近年来，面对金融学科的发展，为适应时代发展对创新人才培养的需要，湖北经济学院与中国农业银行湖北省分行联合成立了"农银长江学院"。根据双方签订共建"农银长江学院"的战略协议合作书要求，一是共同开展"定向班"金融人才培养；二是联合搭建金融员工培训教育平台；三是搭建协同创新、开放共享的行校合作平台。本文以农银长江学院为例，对地方本科高校人才培养特色范式问题进行了理性思考，以期对多元化人才培养模式的探索与实践起到一定推动作用。

---

① 本文系 2013 年高等学校省级教学研究项目"金融学国家级特色专业点综合性改革的探索与实践"（项目编号：2013342）的阶段性研究成果。参与项目研究的主要成员有卢乔石、李银、袁军、杨雁、杨仕琪。

一、农银长江学院订单式人才培养现状与特色

(一) 农银长江学院订单式人才培养现状

1. 共建人才培养方案。为落实农银长江学院培育计划,在湖北经济学院教务部门的指导下,金融学院与农业银行湖北省分行人力资源部共同拟订了农银长江班人才培养方案。该方案虽然以金融学专业人才培养方案为基础,但与传统金融学人才培养方案相比,有较明显的差异。

(1) 在学分和课程设置方面。农银长江学院人才培养方案在专业课程中突出了农业银行特色,如将商业银行经营学调整为农业银行经营与管理,将信贷管理学调整为农业银行信贷管理,将银行会计调整为农业银行会计等;同时,根据农业银行对人才素质的综合要求,适当减少了部分通识选修课和专业选修课学分,增加了涉及 17 个专题、10 个学分的农业银行定向培养必修课。包括农业银行运营管理、农业银行全面风险管理、农业银行公文写作等,覆盖农业银行日常工作需要的各个方面,课程设计具有强烈的农业银行印记。这些定向培养必修课的教学任务主要由农业银行所提供的内训师团队承担。

(2) 在人才选拔方面。"农银长江班"每年级组建一个班,每班人数不超过50 人。每年在一年级第一学期末,以金融学院为主,面向全校(全国统招二本),在有志于毕业后到湖北省农业银行系统工作的学生中进行选拔。按"自愿报名、双向选择、诚信就业"原则,由学生自愿报名,经农业银行湖北省分行面试合格,并签署经家长签字同意的毕业后到农业银行湖北省分行就业的"承诺书"后,确定作为加入"农银长江班"的人选。与传统的金融学专业招生相比,其不仅对人才的成绩有要求,而且对人才的综合素质具有更高的要求,确保为农业银行提供高素质的优秀金融人才。

(3) 在人才培养目标方面。"农银长江班"以培养"应用型、技术型、复合型"的金融人才为目标。每年严格按课程实习、学年实习和毕业实习实训要求,学生临近毕业到农业银行湖北省分行完成实习任务。和传统的金融学专业相比,这无疑提出了更高、更全面的要求。

(4) 在学院管理方面。"农银长江班"实行长江学院理事会领导下的院长负责制,由长江学院理事会负责决策。湖北经济学院金融学院负责该班的日常管理,归属于金融学院金融系,配备班主任、辅导员,班级学生将实行淘汰制。

2. 共建双师型教学团队。农业银行湖北省分行同湖北经济学院合作创办农银长江学院的战略合作书中明确表示：农业银行湖北省分行应接受高校教师到企业挂职锻炼或顶岗工作，以提高湖北经济学院教师的实践能力；与湖北经济学院联合开展科技攻关和成果转化、技术研发和生产经营管理等活动。这些措施对于学校教师教学能力的提升具有非常重要的作用，促使学校不断地改进教学方法，加强教学研究，使课程建设、专业建设更加科学化、实用化。学校按照企业的要求来安排组织教学，在企业中进行课堂的实践。积极利用企业的人才资源，丰富学校的课程设置，加强企业同学校的联系，实现校企资源共享。

一是湖北经济学院定期、不定期地邀请农业银行湖北省分行的全部或部分实务指导团队成员到学校进行访问学习，通过专题讲座、形势研判、主题讨论等形式，结合时势，不断完善实务指导团队的知识结构，更新实务指导团队的知识内容。

二是湖北经济学院的理论指导团队和农业银行湖北省分行的实务指导团队共同开展专项课题研究，共同进行实习实训教材及教辅资料的编写，促进实务指导团队专业素养的进一步提升。

三是农业银行湖北省分行在适当的时间，分期分批派出部分实务指导团队成员到湖北经济学院承担合适的教学任务，通过教学工作，促进实务指导团队成员的理论和实务水平上一个新台阶。

四是农业银行湖北省分行内部组织形式多样的知识与技能竞赛、实务经验交流、外派到行内兄弟单位访问学习等活动，不断强化实务指导团队的专业技能。

3. 共建人才评价体系。校企合作人才培养评价体系主要体现在教学过程评价和教学输出评价两个方面。教学过程评价的主要内容是在学分和课程设置方面。在专业课程中突出了农业银行特色，根据农业银行对人才素质的综合要求，适当减少了部分通识选修课和专业选修课学分，增加了涉及 17 个专题、10 个学分的农业银行定向培养必修课。教学输出主要评价内容是应届毕业生就业率、就业单位等。就第一届农银长江学院 2010 级农银班的 41 位毕业生来说，其就业情况如下：农行 18 人，工行 6 人，建行 5 人，中行 2 人，交行 1 人，武汉城市商业银行 2 人，平安财险 1 人，其他企业 3 人；出国 3 人（见图 1）。

4. 共建实习实训基地。湖北经济学院与农业银行湖北省分行共建大学生金融创新与实习实训基地，与农业银行湖北省分行共同制订具体实施计划，并组织实施落实。一方面，农业银行湖北省分行负责安排、落实与指导"定向班"学生的实习实训；另一方面，学校积极配合农业银行湖北省分行对每年新进银行员

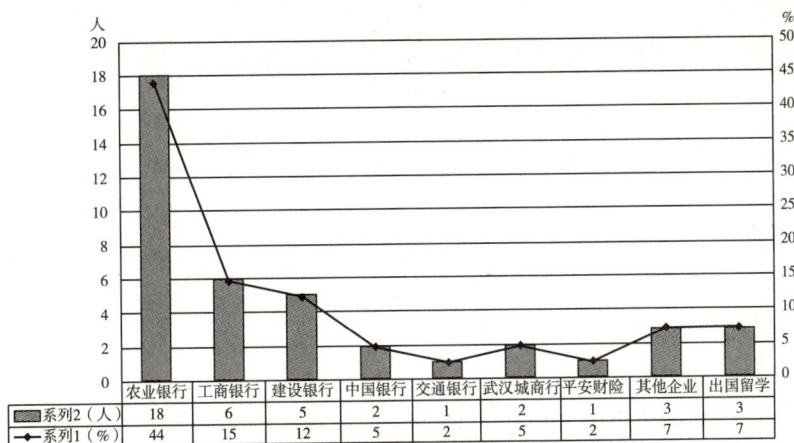

	农业银行	工商银行	建设银行	中国银行	交通银行	武汉城商行	平安财险	其他企业	出国留学
系列2（人）	18	6	5	2	1	2	1	3	3
系列1（%）	44	15	12	5	2	5	2	7	7

图1 长江学院农银班毕业生就业统计

工联合开展有针对性的岗前培训工作，为银行事业的顺利发展提供强有力的人才支撑。农业银行湖北省分行 2013 年 7—8 月安排 41 名农银班学生到农业银行湖北省分行当阳市支行等 11 个分支机构进行了为期 40 多天的实习活动，双方负责人亲自深入实习网点，检查实习安排落实情况。同时自 2012 年 10 月至今，农银长江学院已分别承接了农业银行湖北省分行对公业务部"千人能力培训工程"、营运部骨干业务培训、农业银行湖北省分行十八大中层干部轮训、个人银行部业务培训，开展了 2013 年农业银行湖北省分行新进员工岗位培训等培训项目，这些业务和岗位培训已直接使农业银行湖北省分行 2 000 余名员工受益，培训工作是在农银长江学院架构下学校与农业银行湖北省分行深入开展的行校合作，充分发挥了学校服务社会的职能。

5. 共建学生选拔机制。"农银长江班"每年级组建一个班，每班人数不超过 50 人。每年在一年级第一学期末，以金融学院为主，面向全校（全国统招二本），在有志于毕业后到湖北省农业银行系统工作的学生中进行选拔。按"自愿报名、双向选择、诚信就业"原则，由学生自愿报名，经农业银行湖北省分行面试合格，并签署经家长签字同意的毕业后到农业银行湖北省分行就业的"承诺书"后，确定作为加入"农银长江班"的人选。为保证"订单培养"质量，根据协议，聘请第三方独立机构，按照面试筛选的方式，择优选拔学生入选"订单班"。因此，开学之初企业即派资深人事专员主导选拔，通过全校一系列宣传引导工作，对意愿参加"订单班"的新生进行面试考核，使选拔出的学生能初步达到企业的用人标准。过程中提前向学生和家长说明订单班的培养目标，定向培训课程将纳入授课范围，以及该专业学生将被安排在企业带薪实训，企业免费提供实训期间住宿餐饮费用，提供较多岗位轮换机会，体验银行大部分运转工作等。

（二）农银长江学院订单式人才培养的特色

通过运行，我们发现，农银长江学院订单式人才培养的特色主要表现在以下几个方面。

1. 补足短板，全面发展。截至 2013 年 5 月，湖北经济学院金融学专业在本科教学工程建设方面多点突破，打造了集特色专业、试点学院、专业综合改革、教学团队、精品课程、创新平台、英才计划"七位一体"的教学质量和教学改革工程体系。在取得上述成绩的同时，也认识到实践教学环节成为目前人才培养全过程中的薄弱环节，特别是校外实习实训工作，可谓是金融学专业建设中的一块短板。通过组建农银长江学院，将实习实训基地的组织、建设和管理纳入其中，有效弥补了金融学院发展的不足。

2. 合作平台，开放共享。2013 年，湖北省教育厅研究同意了湖北经济学院与农业银行湖北省分行联合申报的"湖北省高校省级示范性实习实训基地"。基地未来将在农银长江学院理事会的领导下，进一步向中南财经政法大学、湖北大学、湖北工业大学、湖北经济学院法商学院等共享高校的金融学专业开放，建成省内金融学专业实习实训开放共享的合作平台。

3. 人才培养，量身定制。通过成立农银长江学院，金融学院与农业银行湖北省分行人力资源部共同量身打造了"农银长江班"人才培养方案，将农业银行的企业文化、岗位职责、业务技能等传统上属于入职岗前培训的必备知识教育前移至学校，并对这些课程规定一定的课程实习或综合性的学年实习时数，力求通过实习实训将所学知识融会贯通。一方面，"农银长江班"的设立在学校的人才培养与企业的人才需求之间架起了无障碍通道，有利于人才供给与需求的合理配置，有助于学校进一步彰显人才培养的应用型特色，以及企业获得稳定高质的人力资源；另一方面，"农银长江班"的建设也推动了教学过程中理论联系实际的程度，加强教师对知行合一教育理念的理解和应用，促进教学水平的全面提升。

4. 协同创新，成果丰硕。近年来，学校充分利用湖北金融发展与金融安全研究中心、湖北农村经济研究院等省、校各级研究机构，积极与农业银行湖北省分行通过多种途径开展协同创新，为湖北实现在中部地区崛起和全面建设农村小

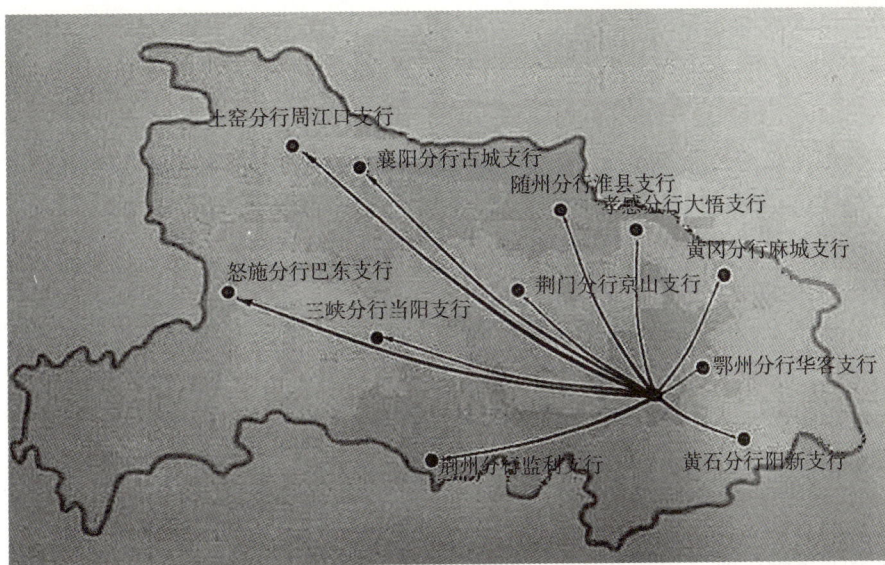

图 2　农银长江学院学生 2013 年暑期实习网点分布

康社会提供大量的决策依据和智力支撑。利用农业银行湖北省分行所提供的包括科研项目、调研便利、数据查阅等支持，学校鼓励教师和研究人员跨院系、跨学科开展科学研究，围绕农村经济、农村金融等方面，发表了一系列高水平科研成果，其中包括国家自然科学基金项目 1 项、国家社科基金项目 7 项、教育部人文社科基金项目 12 项，并建有 3 支湖北省优秀中青年科技创新团队。在鼓励教师研究"三农"问题的同时，学校也以农业银行湖北省分行为依托，组织学生利用暑期社会实践，深入农村进行调查研究，完成了多项涉农研究报告和调研论文，多项科研成果获得省部级奖励。

二、制约农银长江学院订单式人才培养特色范式的主要因素

（一）人才定位有待清晰

农银长江学院的成立开创了学校与农业银行湖北省分行的合作先例，但在培养农业银行专业对口人才的培养目标上定位较为模糊。在"农银长江班"的创办之初，以为县域吸纳干部型人才为导向进行招生，但结合农业银行自身而言，对于一个国有企业，企业内部的竞争机制是需要的。因此，对于农银长江学院学生定向培养的定位还不够准确，未来农银长江学院学生的发展方向，包括招生、

考研、出国等也不够清晰。

（二）合作机制有待完善

校企合作中，作为参与者的双方在权利主体和利益诉求方面存在不平衡关系，校方在合作中不具备主动权，或者企业利益需求得不到满足，就难以建立长期合作关系。其一，学校在合作中处于被动。学校推行校企合作，希望通过与农业银行的合作解决学生的实习、就业问题，农银班学生毕业后直接到农业银行就业，但是农业银行方面一次性接纳所有学生有难处。其二，双向选择的弊处。农业银行属于国有商业银行，农业银行湖北省分行对人事的招聘没有完全的决定权，银行招聘需经过网申—笔试—面试环节，农业银行不能够完全保证农银长江班学生实现完全第一批就业；学生方面，如果找到了更好的工作，往往会放弃农业银行的工作，对于之前的教育投资，会给农业银行造成一定的损失。其三，缺乏有效的保障机制。虽然农业银行与学校建立了理事会，签订了合作合约，开展了各个阶段的合作。但是校企合作合约并没有很强的法律效应，存在很多法律漏洞，企业参加校企合作的内容不健全，企业的责、权、利不明确，主体地位不明确，学生与企业间的关系不明确，缺乏惩罚条款、激励措施、保障措施等。在对待学校毕业生进入农业银行工作的过程之中，企业和学校在就业方面只达成口头协议。假如遭遇企业无故"撤单"的情况，学生的利益没有制度来保障。

（三）培养方案有待健全

培养方向的不明确会导致合作效益不明显，突出校企双方的矛盾，从而也离"合作办学、共同育人"的目标越来越远。第一，学校教师对参与校企合作的积极性和认识度有待提高，授课内容与银行需求不够契合，教学特色不够明显，在很多课程的设置和选取上都凸显不够成熟，课程的内容仍需筛选。办学形式相对单一，以传授理论知识为主，除假期实习外，平时缺乏实践性的教育，没有让学生学到足够与社会接轨的技能和知识。第二，缺乏共同的专业教材，缺乏针对农银班的教科书。来校授课的专业人士虽有丰富的实践经验，但不熟悉学校教学模式，不能将实践与理论有机融合。第三，缺乏有效的监督机制。在农银班日常教学质量监控和运行监督上，没有专门的人员进行教学考核。在实习阶段，缺乏专门的实习监控队伍，对实习过程中出现的问题没有给予及时的改正，这也在一定程度上影响了实践的效果。

（四）政府支持力度不够

综观国外成功的校企合作办学的案例，政府在整个过程之中起到了非常重要的作用。但我国政府部门没有充分发挥其自身的积极性，没有参与发挥协调指导的能力，缺乏相关机构作为合作的纽带来促进校企的沟通，导致在校企合作的管理上缺乏有效的支持，企业参与度不高。另外，法律、法规不健全，不能够很好地支持订单教育的发展，使校企合作遇到的问题难以妥善地解决，也不能够全面地保障企业、学校及大学生的合法权益，规范各方面的行为。政府并没有规范的、完善的、权威的校企合作的法律和规范，教育机构也没有制定相关法律规定，没有官方的机构来管理监督，校企合作的现实问题无据可依。校企合作受政策导向的影响，没有政府出台对校企合作的激励措施的支持，校企合作得不到推广和发展。

三、提升农银长江学院订单式人才培养特色范式的若干建议

（一）以质量工程项目建设为重点，提升教学质量

以国家级特色专业建设点和国家级专业综合改革试点项目为龙头，以金融学主干课程群省级教学团队为重心，以"货币金融学""国际金融学"等省级精品课程为基础，将中国银行业从业人员资格认证考试科目《公共基础》《个人理财》《公司信贷》《个人贷款》纳入课程体系，实现银行业从业人员资格考证内容与教学内容的有机融合。合理分配教学时数，改革教学方式与方法，试行"以证代考"的课程考核方式，即以学生认证考试的成绩代替本课程的期末成绩。同时，根据农业银行对人才素质的综合要求，适当减少部分通识选修课和专业选修课学分，增加涉及农业银行定向培养必修课。从金融机构聘请行业一线业务骨干到学校兼课，并对专业课程、实践实训课程进行教学与指导工作，开发《银行柜面业务处理》《银行大堂服务》《银行产品销售与服务》等专业核心课程。涉及农业银行各类业务技术方面的内容，教学任务将主要由农业银行所提供的内训师团队承担。通过上述举措，使学生更好地适应农业银行业务发展的新趋势，提高其解决金融管理和技术问题的能力，培养"技术型"金融人才。

（二）以实习实训基地建设为平台，提高学生实践应用能力

以省级高校人文社科重点研究基地和省级高校示范实习实训基地为平台，充分利用现有的 Blackboard 网络教学平台和已建成的省级、校级精品课程网站，不断提高使用率、参与率和更新率；实现每门课程都有较好的创新性设计实验，确保提高学生的原创性研究和启发式思维能力；在已有金融投资实验室的基础上，整合建成涵盖银行、保险、证券业务在内的校内金融业务实训基地——金融业务综合实训实验室，向学生提供金融业务实训和岗位模拟的稳定场所，提高学生应用操作能力；以省级"金融大学生创新活动基地"为平台，向学生提供创新创业的综合性训练，培养学生的创新精神，提高学生的创新创业能力。专业教学中，在第三、第四学期安排学生对金融机构、金融业务进行了解、接触，完成专业认知；第五、第六学期以统一安排与自行联系相结合的方式，安排学生进入银行一线个人储蓄、现金出纳、会计核算、银行卡、客户经理等岗位进行顶岗实习和毕业实习。通过具体岗位的实践锻炼，一方面学以致用，达到知行统一的境界；另一方面也发现自身的差距与不足，回到学校后再进行有针对性的学习与提高。通过校内实验和校外实训的合理搭配与有机结合，提升学生的实践动手能力和操作应用能力，培养"应用型"金融人才。

（三）以学院改革与发展为契机，着力培养复合型人才

为适应商业银行的国际化趋势，商业银行人员须熟悉外汇业务、国际结算、外汇会计、外汇资金运作等业务，并熟练掌握专业外语，以参与金融的国际化竞争。银行信贷专业人才作为银行业的营销主力，既需要掌握银行的专业知识，又必须懂得一项或多项专业知识，熟悉复合型信贷营销业务，以有效防范银行的资产风险。资本运作人才须面向未来混业经营阶段转变思维，这种转变导致商业银行资金的多元化运作机制，其业务领域也呈现立体多维趋势，逐步向保险、理财、金融服务等多领域延伸，资金运作在证券、保险、理财、代理结算等方位拓展。商业银行在资产的经营和处置过程中，会涉及相关法律问题，需要具备法律知识的银行业务人员来处置不良资产和规避风险，金融法律的复合型人才是不可或缺的。需培养金融计算机人才，银行未来业务的发展与信息技术手段的高低密切相关，而日益发展的网上银行，对计算机的要求则更高、更全、更严格，这都需要大批高素质的金融计

算机人才。在农银班定向培养必修课中，就包括做一名优秀的农业银行员工、农业银行公文写作、茶文化及茶艺、白酒及葡萄酒鉴赏、艺术品鉴赏等诸多提升学生综合素质的课程。应充分利用农银长江学院平台，进行理论与实践的融合、学科之间的交叉融合、国内外金融业务的融合、学生就业能力与终身发展需求的融合，培养"复合型"金融人才。

第二篇

高校金融教育转型

大数据、量化投资与金融教育变革

中央财经大学金融学院 张学勇 盖明昱

摘要：随着金融行业大数据时代的到来，我国量化投资产品规模不断增加。与此同时，股指期货、国债期货以及期权产品的推出与完善，丰富了量化投资产品的投资策略与投资工具，量化投资将成为我国金融市场发展的趋势。针对这一现象，本文通过对比国内外大学金融学设置，探讨我国金融学教育改革的途径与方法。

关键字：大数据 量化投资 金融教育改革

近年来，随着计算机技术的不断普及与发展，在大数据时代的背景下，各大金融机构纷纷推出量化投资产品，以期获得高于市场的超额收益率，我国的量化投资行业规模逐渐增大，产品和策略逐步完善。面对这一市场变化，如何提高金融学专业学生的专业技能，以更好地满足金融市场发展的现实需要，成为各大高校迫切需要研究的问题。

一、文献综述

国内对于大数据的研究已有不少的成果：马建光和姜巍（2013）介绍了大数据的概念与特点，讨论了大数据的典型特征。冯伟（2012）和邬贺铨（2013）集中讨论了大数据这一新兴产业在多个领域的应用，并揭示了大数据技术所面临的挑战，以及给社会经济带来的机遇和启示。官建文等人（2012）则另辟蹊径，研究了国内外主要互联网公司大数据的布局与应用。一些早期的研究主要集中在技术领域，从计算机算法的角度，对大数据进行了探索（王玉荣和钱雪忠，2010；罗铮，2013）。

随着近年来传统互联网向移动互联网的转变，大数据时代下的政府、贸易、金融保险等行业均获得了极大的价值提升，尤其是在金融领域。韦雪琼等（2012）的研究发现，大数据时代下技术的飞速发展引起了金融市场的变动，进而需要我们顺应这一变动，挖掘真正具有投资价值的公司。潘锚（2013）、刘静如（2012）分别探讨了大数据在供应链金融及金融业风险管理方面的应用。银行业方面，蔚赵春和凌鸿（2013）、方方（2012）分别对商业银行大数据应用研究进行了综述，探讨了大数据应用对商业银行带来的影响。闫冰竹（2013）发现银行业本身即为一个海量数据的拥有者，从这个角度出发，整个银行业的服务和管理模式将发生根本性的改变。黄昶君和王林（2014）发现，通过大数据分析所构建的客户风险模型具有较好的风险识别能力和区分度，各项检验结果较为合理。互联网金融业中所蕴藏的大数据及其应用也是学者们研究的另一个重要领域，大数据下的互联网金融将经历颠覆性的变革（赵国栋，2013）。徐徽（2013）研究发现，基于互联网的金融创新业务是银行业乃至金融行业的核心竞争力，并提出银行融入互联网金融的策略，以及大数据时代下应解决的问题。井华和王南海（2013）也得到了类似的结论。

随着相关研究的逐渐深入和细化，基于大数据的量化投资成为了探索的热点。研究方向首先集中于量化投资的策略设计和优化，其中包括赵建和霍佳震（2011）的基于遗传算法的投资策略、汪昊和薛陈（2011）的基于波动率与收益率负相关的投资模型、李慧兰（2014）的基于数据挖掘的投资策略。其次为量化投资的发展状况和趋势，王冰和李想（2011）、方浩文（2012）和王力弘（2013）无一例外地指出量化投资在中国金融市场中广阔的生存空间，以及迅速的发展趋势，同时也为量化投资在中国的发展提出了相关建议。最后为量化投资对中国资本市场的影响（唐炜怡等，2014）。

基于上述背景，基于大数据的教育变革成为一些学者关注的对象。金陵（2013）对大数据与信息化教学变革进行了研究，认为翻转课堂、MOOC 和微课程是大数据变革教育的第一波浪潮。张韬（2013）指出大数据能够帮助我们寻找有效的教育因素、洞察学生的真实心理以及帮助教育走向个性化。于长虹等人（2013）则讨论了大数据背景下的数字校园建设的目标、内容和策略。金融教育方面，朱臻（2013）提出将量化投资思想引入"证券投资"课程教学。

二、大数据与金融行业发展

（一）大数据的定义、特点及现状

研究机构 Gartner 认为，大数据是指需要新处理模式才能具有更强的决策力、洞察发现力和流程优化能力的海量、高增长率和多样化的信息资产。大数据的主要特点可以用 4 个 "V" 来描述，即数据量大（Volume）、处理速度快（Velocity）、数据类型多样（Various）和价值密度低（Value）。根据国际数据公司 IDC 的检测统计，2009 年，全球数据总量较 2008 年增长了 62%，达到 80 万 PB（1PB = 10 亿 GB）；2011 年，全球信息量已经达到 1.8ZB（1ZB = 1 万亿 GB），并且正在以每两年翻一番的速度飞速增长，预计 2020 年全球信息总量将达到 40ZB。就中国而言，2013 年中国大数据量的生成已超过 0.8ZB，是 2012 年全年数据量的 2 倍，其数据总量相当于全球 2009 年的总数据量；预计到 2020 年，中国的数据总量将是 2013 年的 10 倍，总额将超过 8.5ZB[①]。可见，中国的 "大数据" 时代已经来临。

（二）"大数据" 下的金融行业

我国的金融行业正处于飞速发展期，每年产生的数据量惊人。据不完全统计，目前中国金融行业数据量已经超过 100TB，非结构化数据迅速增长。IDC 认为中国金融行业正在步入大数据时代的初级阶段。从股票市场规模看，截至 2013 年底，境内上市（A 股、B 股）达到 2 489 家，相比 2012 年减少 5 家；上市公司总市值和流通市场均有提升，分别同比增加 3.78% 和 9.85%，为 23.91 万亿元和 19.96 万亿元；从交易额方面来看，股票和基金交易共实现 48.29 万亿元的交易额，其中全市场全年累计成交股票 46.81 万亿元，较 2012 年增长 48.79%，基金成交额为 1.48 万亿元，交易活跃度显著提升；从债券市场来看，交易所债券成交额达到 64.77 万亿元，增幅高达 71.21%[②]。如此巨大的金融市场规模，必然需要完善的计算机技术、服务器、交易平台等作为支撑，同时，良好的投资理念与投资方式是确保各投资机构和个人在大数据时代获利的有力保证。

值得关注的是，随着大数据时代的到来，以大数据为背景的高频金融交易、互联网金融、量化投资产品在我国金融市场得到了飞速发展和广泛关注。阿里巴巴、淘宝网、人人贷等互联网金融提供了大量的可供分析的客户基本信息、交易信息和商家的交互信息，这些信息隐藏着客户深层次的信用信息，使得贷款的坏账率逐步降低，交易量逐渐增大；金融机构以大数据为基础，利用计算机等高科技的数据挖掘技术和先进的统计软件，对股票、债券及其他金融方面的历史和实

---

① 资料来源：ZDNET 数据中心 2013 年年度技术报告。
② 资料来源：《中国证券业发展报告（2014）》。

时数据进行分析，在传统日数据、月数据等的基础上，增加高频数据分时交易数据，创造更为合理有效的交易模型和交易系统，开发、设计更加适用于金融市场的量化投资策略，使金融产品的收益不断提高，非系统性风险逐渐降低，推动金融业的迅速稳定发展。我们将在下一部分着重分析大数据时代对我国量化投资行业的影响。

三、基于大数据的量化投资概述

（一）基于大数据的量化投资发展

20 世纪 90 年代以来，数学、金融、计算机技术和全球经济形成相互融合的趋势，量化投资学是四者紧密结合的一个综合性领域。我国的量化投资行业发展较晚，2004 年我国首只光大保德信量化核心基金问世，标志着我国量化投资产品的起步与正式运行。随着我国金融行业大数据的到来，我国的计算机、互联网等相关技术的发展，使量化投资技术得到了飞速的发展，量化投资逐渐成为我国金融市场发展的趋势首要趋势。这种趋势主要体现在以下三个方面。

1. 我国融资融券交易发展迅速，为量化投资者提供了更多的流动性与便捷性。2013 年我国融资融券业务和转融通业务得到了空前发展。转融通业务逐渐成熟，试点证券公司由 30 家增至 52 家；2013 年 2 月，转融券业务试点推出，且 9 月试点公司由 11 加增至 30 家，标的证券由 90 只扩大至 287 只。从融资融券的交易规模来看，2013 年融资买入和融券卖出总额首次超过万亿元规模，累计达到 3.87 万亿元，约为 2012 年的 4.28 倍，其中，融券卖出的交易额约占融资买入和融券卖出总额的 14.95%。同时，转融通业务余额约为 576.90 亿手，约占融资融券余额的 16.65%[①]。

从整个 A 股市场来看，2013 年融资融券交易成为提高股票市场流动性的重要力量，同时融资融券业务也为量化投资业务提供了有力的对冲工具，量化投资策略的施展空间逐渐增大，更多的产品和服务将随之产生。

2. 股指期货、国债期货等期货产品的推出，有效地提升了量化投资套期保值等的精确性。2013 年沪深 300 股指期货共 238 个交易日，总成交 1.93 亿手，总成交金额达 140.7 万亿元，比 2012 年分别增长 83.91% 和 85.62%，成交总额占全国

---

① 资料来源：《中国证券业发展报告（2014）》。

4 家期货交易所的 52.7%。日均成交 81.19 万手，日均成交金额达 5 911.77 亿元。股指期货的持仓量呈稳步增长的趋势。另外，2013 年股指期货价格适中，围绕现货价格波动，基差率维持在较低水平，以负基差为主，市场成熟度较高；股指期货规模的扩大与合约的不断完善，为量化投资产品套保业务的投资与开发奠定了坚实的基础。另外，国债期货也于 2013 年 9 月正式在中金所挂牌上市。

3. 期权、实物期权等产品的推出，丰富了量化投资策略工具。我国量化投资起步阶段，由于公募基金、券商、私募对于量化投资策略的研究与产品设计处于摸索过程中，国内的量化产品数量较少；同时，期货、期权等衍生品发展滞后，融资融券的额度与范围受限制较多，很多量化模型没办法实施。因此，我国最初的量化产品常用的投资策略主要有以下三种：利用多因子模型等量化模型获取 Alpha 收益；同时，利用传统技术指标和均线系统进行趋势性投资策略；对冲套利交易策略则主要包括 ETF 套利、期限套利、跨期套利、事件套利、分级基金配对转换套利、转债转股套利等。表 1 为 2012 年我国主要量化型基金产品的投资策略与运用模型。由表中数据可知，我国的量化投资策略主要集中在多因子、Alpha 策略、红利选股指数增强等几个策略上，策略品种相对单一。

表1　　　　　　　　　　量化型基金产品主要投资策略和运用模型

证券代码	证券简称	主要投资策略、模型
360001. OF	光大保德信核心	量化跟踪、多因子
377010. OF	上投摩根阿尔法	哑铃式投资
070017. OF	嘉实量化阿尔法	量化策略获取 Alpha 收益
398041. OF	中海量化策略	多因子
630005. OF	华商动态阿尔法	Alpha、多因子
080005. OF	长盛量化红利策略	量化红利选股
100038. OF	富国沪深 300	多因子、Alpha（主）
202019. OF	南方策略优化	多因子
460009. OF	华泰博瑞量先行	多因子
519983. OF	长信量化先锋	多因子
410009. OF	华富量子生命力	多因子
233009. OF	大摩多因子策略	量化策略获取 Alpha 收益
163110. OF	申万菱信量化小盘	量化指数、Alpha
320016. OF	诺安多策略	Alpha、组合管理
660010. OF	农银汇理策略精选	量化策略获取 Alpha 收益
481017. OF	工银瑞信量化策略	指数增强、多因子
110030. OF	易方达量化衍伸	组合优化
519712. OF	交银阿尔法	量化策略获取 Alpha 收益

资料来源：渤海证券研究所。

随着我国金融行业的发展，转融通业务和国债期货、实物期权、股指期权等金融衍生产品的推出，以及计算机技术的不断完善，我国量化投资策略和产品将逐渐增多，一些应用于多种统计、技术工具的模型将被带入我国量化投资中，如人工智能、数据挖掘、小波分析、支持向量机、数据库等多种不同的 IT 技术，量化投资在未来将呈现井喷式发展趋势。

（二）量化投资在中国金融市场中的应用

虽然我国量化投资起步较晚，但是量化投资在我国基金行业应用甚广，主要体现在券商集合理财、量化共同基金产品以及量化阳光私募基金三部分。

1. 量化共同基金。截至 2014 年 9 月，我国共发行量化基金 85 只，累计总资产规模达到 454.75 亿元。表 2 为我国 2008—2013 年量化基金数目及规模。由表中数据我们可以看到，我国的量化基金在 2009 年规模快速增长，增长幅度达到 14.33%；而 2010—2012 年我国的量化基金数目和资产规模并没有增长。2013 年，我国的量化基金出现了大幅度的增长，数目和规模均为 2012 年的 3 倍之多。可见，大数据时代的到来、金融衍生产品的开发以及计算算法的普及与应用，促进了我国量化基金的发展与进步。

表2　　　　　　　　　我国 2008—2013 年量化基金数目及规模

年份	基金规模（亿元）	规模增长率（%）	量化基金数目（只）
2008	4.71	−0.85146	1
2009	72.17	14.33073	7
2010	21.60	−0.70066	8
2011	13.57	−0.3718	10
2012	11.29	−0.1679	10
2013	45.26	3.007439	33

图 1 为我国 2009—2014 年所有存续量化基金的累计单位净值增长率。由图可知，我国量化基金的累计单位净值增长率大部分处于增长状态。对于我国的量化基金收益方面，我们主要在表 3 中予以呈现。表 3 为我国 2013 年成立的所有量化基金的回报率数据，这里我们主要选择近一年的回报率及成立以来的回报率两个指标。我们发现，在 18 只基金中，有 12 只基金回报率为正数，同时华商大盘量化精选自成立以来的回报率达到 61.46%，所有的基金平均回报率为5.67%。

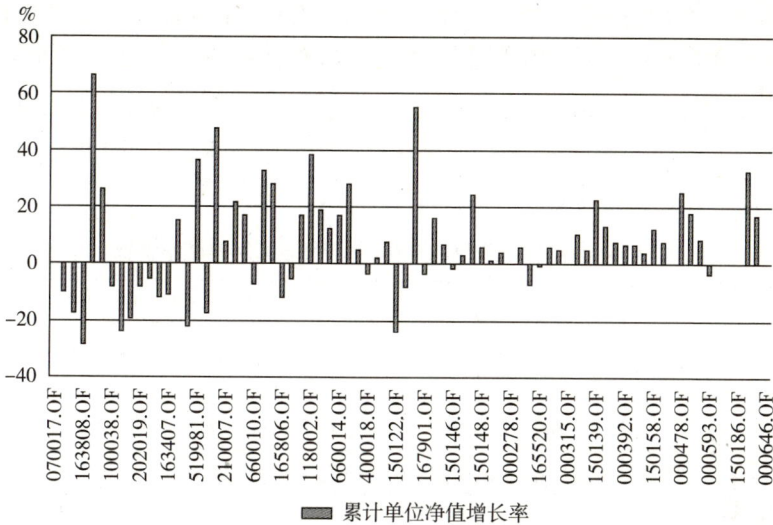

图1　我国2009—2014年所有存续量化基金的累计单位净值增长率（2014 - 09 - 15）

表3　　　　　　　　　我国2013年量化基金回报率与净值增长率　　　　　单位：%

基金代码	基金简称	累计单位净值	增长率	近一年总回报	成立以来总回报
630015. OF	华商大盘量化精选	1.5860	1.23	41.63	61.46
000172. OF	华泰柏瑞量化指数	1.2540	0.32	18.53	25.40
510450. OF	上投摩根180高贝塔ETF	1.1711	0.78	0.94	17.11
150121. SZ	银河沪深300成长A	1.0960	0.10	6.58	9.78
150145. SZ	招商沪深300高贝塔A	1.0730	0.00	6.45	7.30
150148. SZ	信诚中证800医药A	1.0670	0.10	6.30	6.83
150150. SZ	信诚中证800有色A	1.0650	0.10	6.27	6.59
165519. OF	信诚中证800医药	1.0440	0.58	4.78	4.46
161718. OF	招商沪深300高贝塔	1.0350	0.49	- 0.86	3.50
000042. OF	财通中证100增强	1.0270	0.29	2.09	2.70
150149. SZ	信诚中证800医药B	1.0210	1.09	3.24	2.10
165520. OF	信诚中证800有色	0.9970	0.51	- 0.32	- 0.22
150146. SZ	招商沪深300高贝塔B	0.9970	1.01	- 7.69	- 0.30
167901. OF	华宸未来沪深300	0.9720	- 0.10	- 1.42	- 2.80
000278. OF	融通通泽	0.9450	1.18	- 5.59	- 5.50
161507. OF	银河沪深300成长	0.9350	0.11	- 9.75	- 6.69
150151. SZ	信诚中证800有色B	0.9290	0.98	- 7.01	- 7.10
150122. SZ	银河沪深300成长B	0.7740	0.13	- 25.43	- 22.60

2. 券商集合理财产品。这里我们主要选取 2014 年 8 月的月单位净值指标、近一年的收益率指标以及成立以来的收益率指标进行分析。如表 4 所示，我国 2013 年券商集合理财产品近一年的收益率波动较大，除海通中锐量化 1 号风险级的收益率达到 44.96% 外，其他四个理财产品的收益率均小于 15%。对于成立以来的收益率，五个券商集合理财产品收益率较平衡。

表 4   　　　　2013 年券商集合理财和非结构化产品净值及收益率情况   单位：%

产品简称	产品类型	成立日期	当期净值（2014-08）		收益率	
			单位净值	净值日期	近一年	成立以来
海通中锐量化 1 号风险级	券商集合理财	2013-04-12	1.3426	2014-08-29	44.96	39.29
海通中锐量化 1 号	券商集合理财	2013-04-12	1.1443	2014-08-29	13.53	19.46
中信保盈量化 1 号	券商集合理财	2013-03-29	1.1297	2014-08-29	7.34	19.25
东方红量化 3 号	券商集合理财	2013-05-14	1.0495	2014-09-02	6.42	14.75
海通中锐量化 1 号优先级	券商集合理财	2013-04-12	1.0830	2014-08-29	4.79	13.33

资料来源：私募排排网数据中心。

3. 阳光私募（量化基金）。近年来，私募股权投资基金不断发展，其收益率水平极高，成为我国金融市场的新生力量。我国阳光私募量化型产品首次出现于 2006 年，在 2010 年后期逐步发展起来。截至 2014 年 9 月，我国共有阳光私募量化型基金 141 只，其中 2013 年 94 只，相比于 2012 年的 32 只，数量上升两倍之多，可见我国阳光型私募量化型基金正在逐渐增加。

表 5 为我国 2013 年阳光私募（量化型）基金近一个月的收益率和成立以来的收益率，由于数据量过多，我们这里仅列举成立以来总回报率前十名与后十名的基金。由表中数据可见，与沪深 300 指数比较，大部分阳光私募基金的回报率高于沪深 300。并且，旗隆稳增量化 1 期自成立以来的收益率是沪深 300 指数的 2 倍之多。

表 5   　　　　　　2013 年阳光私募（量化型）基金收益率   　　　　单位：%

产品简称	累计单位净值	近一个月总回报	超越沪深300	成立以来总回报	超越沪深300
旗隆稳增量化 1 期	3.2997	86.87	91.36	229.97	238.80
康腾量化对冲 1 号	1.2440	8.06	12.55	24.40	29.06
富善致远 1 号	1.2280	1.12	6.70	22.80	32.14
金锝量化	1.1879	0.92	5.41	18.79	26.49
天启腾蛇	1.1773	-2.50	3.08	17.73	14.06
富善致远 2 号	1.1488	-0.55	5.02	14.88	14.45

续表

产品简称	累计单位净值	近一个月总回报	超越沪深300	成立以来总回报	超越沪深300
鹏华－博普量化精选	1.0690	2.89	7.38	6.90	12.47
富善致远3号	1.0644	1.82	7.39	6.44	12.06
理翔优化	106.3900	-2.80	2.77	6.39	3.45
长安－德源富锦1号	1.0620	6.84	12.42	6.20	6.37
睿策量化1期	0.9882	-1.42	3.07	-1.18	10.71
悟空盈泰量化1期	98.4300	-2.82	2.75	-1.57	-7.66
大树投资量化组合	0.9642	-4.11	0.38	-3.58	-4.09
天治高溪量化对冲1号	0.9630	1.05	6.63	-3.70	-2.93
财通－美好华腾	0.9590	7.03	11.52	-4.10	-4.52
杉杉青雅量化对冲1期	0.9589	-0.71	4.86	-4.11	-0.06
尊富1号	0.9533	-4.67	-0.18	-4.67	-0.18
安苏3号	0.9390	-0.30	4.19	-6.10	1.66
圆融方德量化对冲基金	0.9336	-4.18	1.40	-6.64	-10.08
尊嘉盈冲（东方）	0.8243	4.33	9.91	-17.57	-5.91

综上所述，我国量化产品拥有较高的收益率，同时正处于高速发展期，发展前景广阔。这主要因为量化投资应用大量的数据作为策略依据，打破了传统投资局限，避免了个人主观因素的影响；同时，衍生品市场的发展趋势势必为量化投资提供有利的条件。股指期货、国债期货以及期权产品的开发与交易，将促使国内量化投资策略向多样化发展；另外，监管制度的逐渐完善，量化人才的逐渐增多，也会在一定程度上促进量化投资的推广与加速。

四、基于大数据的金融教育变革

随着"大数据"时代的到来，量化投资逐渐发展为我国金融产品市场不可或缺的组成部分，因此，如何在"大数据"时代背景下培养符合市场需求的金融人才，如何将量化投资融入相关的金融学课程设置中，成为各大高校在金融学教育改革中必须思考的首要问题。下面，我们以中美教育中金融学课程设置的不同为例，分析我国金融教育变革的重点与核心，以拓宽我国高校毕业生的就业渠道，缩小国内金融学毕业生与发达国家的差距。

（一）金融学研究生课程设置

从表6美国普林斯顿大学的金融课程设置来看，美国的金融学教育更加侧重于理论应用、数据分析、模型建立等方面的教育，同时在教学方式上采取讲座、课堂讨论、案例模拟等多重方法来进行。这种学科设置培养出来的学生顺应了当前大数据背景下对人才的需求，更符合量化投资这一未来发展趋势的需求。相比于美国的金融教育，国内的金融教育显然并未体现出大数据背景下量化投资这一主流趋势，而仅仅停留在一直以来始终坚持的理论学习状态。美国金融教育的优势之处，恰恰体现了国内金融教育目前存在的一些问题。

1. 教学方法枯燥，理论居多，无法充分调动学生对所学内容的思考。美国的金融课程设置从学科名称上来看，与国内并没有本质的区别，而一旦细究其教学内容，二者存在本质的差异。国内的金融教学内容仍然停留在较为原始的理论学习阶段，而忽略了这些理论本身的来源、背景和进一步的深化。学生力求记住或者能够背诵相应的理论，却未能对其理论进行透彻的理解，无法较好地将其应用于解决金融问题中，更不用说对理论进行升华了。而国外的教育则将每一个方法、每一个理论，每一种现象置于真实的金融市场中，以讲座或者案例学习的方式，让学生通过课堂思考、小组讨论、课堂展示等方式对其进行分析消化，学习效果如何不言而喻。

2. 教学内容陈旧，不能够及时、准确地捕捉金融界前沿理论和方法。当前的金融市场日新月异，变幻莫测。根据我们前面的论述，面对金融这个大数据行业，量化投资不可避免将成为未来金融行业研究的主流方向。与其相关的金融市场理论、金融机构功能定位、投资模型设计等方面的内容应该是我们的学生目前最应该接触的知识，而国内的教育恰恰忽略了这一点。我们的学生学习的知识仅仅停留在书本是不行的，充分、及时、敏锐地发现国际市场中的理论、信息和研究方向，应该成为其学习不可或缺的一部分。

3. 学科交叉性差，忽略了金融学习应当具备的基本技能，即数理统计、计算机编程等技术。诚然，理论的学习为我们的金融学习打下了一个良好的地基，而工具学科的学习也应该成为教学的一部分。统计、数学、计算机编程、数据处理软件知识的摄入也是国内金融教育的短板，这一点从国外大学对于博士，甚至硕士入学的基本要求中便可观察得到。

表6 美国普林斯顿大学金融学研究生课程设置

核心课程	资产定价Ⅰ：模型与衍生品
	现代回归与时间序列
	公司金融与财务会计
	资产定价Ⅱ：随机微分和高级衍生品
	金融经济学
选修课程	投资组合理论与资产管理
	固定收益：模型与应用
	投资专题：交易与风险管理
	金融风险管理案例
	计算金融C++
	关于公司金融、公司治理与银行业务
	风险投资与私募股权投资
	国际金融市场
	期权、期货与金融衍生品
	亚洲资本市场风险
	预测与时间序列分析
	机构融资：交易与市场
	行为金融学
	资产估值与证券分析

表7 国内某大学金融学研究生课程设置

公共课	马克思主义哲学原著研读
	科学社会主义理论与实践
专业基础课	西方经济学
	社会主义经济理论
专业必修课	金融理论与金融政策
	金融市场理论与实践
	资金流量分析
	金融发展理论与政策
	全球金融体系研究
	金融工程学
	保险市场研究
	房地产金融学
	金融风险管理理论

续表

专业选修课	国际金融专题研究
	投资组合理论
	衍生金融工具
	风险投资研究
	财务报表分析与公司年报解读
	公司理财
	公司并购分析
	上市公司整体上市与融资实务
	股权激励与管理层收购

（二）如何开展金融教育改革

金融的大数据时代已经来到，加之快速发展的计算机软件、互联网、云计算等技术，量化投资无疑成为这一背景下金融领域特定的产物。迅速、及时且恰当地把握量化投资这一趋势，将成为金融教育改革的关键。国外的金融教育已经走在前列，教育理念、侧重点以及相应的课程设置也在一定程度上为我们提供了可参考学习的经验和方向，对我们的金融教育改革具有相当大的助力作用。针对上述分析得到的国内金融教育的欠缺之处，我们认为，国内金融教育改革应该从以下几个方面着手进行。

1. 加强学生数据收集、分析和挖掘的能力。大数据时代，金融人才不仅需要对金融理论有扎实的掌握和理解，还需要很强的数据处理和分析能力。对数据的收集，首先需要学生能够寻找合适的数据库，并对数据库的使用，包括数据库数据的查询函数、查询和下载方法充分掌握。其次，寻找到合适的数据后，能够运用相应的统计软件对其进行合理、详尽的分析，包括对数据进行筛选、合并、运算和模型应用。这其中当然包括数理模型、统计知识的学习和应用。

2. 培养学生掌握金融行业所需要的简单的计算机编程技术。数据处理并不简单的指运用 EXCEL/SPSS/EVIEWS 等统计软件进行简要分析，学生还需要能够运用计算机技术对大量、高频、不同类型的数据套用准确的数学或统计模型，进而得到想要的结果。计算机语言，包括 C、JAVA 等语言的基本学习应成为金融人才需要掌握的知识。同时，SAS/MATLAB/R 等软件的学习也应该列入基本课程设置当中，改变如今学生面对"大数据""量化投资策略模型"手足无措的现状。

3. 训练学生对金融前沿理论、研究、方法等信息的敏感度和辨识力。我国高校学生，其知识的来源主要是教材，国内教材虽然几经修订，但前沿理论仍然涉及较少，学生的课外阅读文献不足，导致其所学习的金融经济理论与最新的金融市场严重脱节。培养学生养成阅读国内外经典文献、著作，跟踪最新文献、著作、理论和信息的习惯为当务之急。教师对于国内外期刊、著作的介绍和引领是改善这一问题的主要方法。

4. 改变教学手段单一的现状，调动学生学习的积极性。国内教学手段单一，就此方面，高校可考虑通过案例教学、课堂讨论与讲座相结合、案例实验模拟、业界人士进入课堂等方式来解决。

参考文献

［1］方方：《大数据，大变革，大时代》，载《中国经济导报》，2012－12－29（A02）。

［2］方浩文：《量化投资发展趋势及其对中国的启示》，载《宏观管理》，2012（5），3～5页。

［3］冯伟：《大数据时代面临的信息安全机遇和挑战》，载《专家论坛》，2013，49～53页。

［4］黄昶君、王林：《大数据时代商业银行电子商务零售客户风险评分模型设计框架及实证分析》，载《投资研究》，2014（4），16～26页。

［5］金陵：《大数据与信息化教学变革》，载《理论与争鸣》，2013（10），8～13页。

［6］李慧兰：《基于数据挖掘的量化投资策略实证研究》，浙江大学硕士学位论文，2014。

［7］李婷婷、张芳：《学术研究在金融学专业教学中的应用》，载《河北金融》，2013（3），25～27页。

［8］李玮玮：《案例教学法在金融学教学中的应用研究》，载《淮北职业技术学院学报》，2012（3），78～80页。

［9］唐炜怡、孟小菊、鄢方方：《量化投资盛行对中国资本市场的影响》，载《经济论丛》，2014，216页。

［10］汪昊、薛陈：《基于波动率与收益率负相关的量化投资模型》，载《投资理财》，2013，66～70页。

［11］王冰、李想：《浅议量化投资在国内市场的发展》，载《金融财税》，2011（3），46～47页。

［12］王力弘：《浅议量化投资发展趋势及其对中国的启示》，载《投融资论坛》，2013（9），202页。

［13］王玉荣、钱雪忠：《大数据集挖掘的层次二分抽样算法》，载《计算机工程与应用》，2010，46（35），126～128页。

［14］韦雪琼、杨晔：《大数据发展下的金融市场新生态》，载《时代金融》，2013（7），173～174页。

［15］蔚赵春、凌鸿：《商业银行大数据应用的理论》、载《实践和影响》，载《上海金融》，2013（9），28～32页。

［16］邬贺铨：《大数据时代的机遇与挑战》，载《求是》，2013（4），47～49页。

［17］熊海芳：《量化投资分析在证券投资教学中的应用》，载《金融教学与研究》，2014（2），63～66页。

［18］徐徽：《互联网金融来势汹汹，大数据依然"唱主角"》，载《聚焦》，2013（11），27～28页。

［19］阎冰竹：《大数据时代的银行业发展》，载《商业银行》，2013（4），35～37页。

［20］于长虹、王运武：《大数据背景下数字校园建设的目标、内容与策略》，载《中国电化教育》，2013（10），30～35页。

［21］张韫：《大数据改变教育》，载《内蒙古教育》，2013（9），26～30页。

［22］赵建、霍佳震：《基于遗传算法的量化投资策略的优化与决策》，载《上海管理科学》，2011，5（33），19～24页。

［23］朱臻：《将量化投资思想引入到〈证券投资〉课程教学中的探索与思考》，载《中国证券期货》，2013（5），53～59页。

财经类大学向研究型大学的转型探索

——以日本财经名校一桥大学为例

西南财经大学金融学院　张晓玫　陈俊楠　夏蓉华

摘要：本文通过国内外产业结构的对比，发现我国产业结构不符合现阶段经济发展的实际需求，亟待转型升级。然而，产业结构的转型需要一套与之相适应的现代高等教育体系来支撑，鉴于目前我国"中间多、两头少"的高等教育结构逐渐落后于经济发展对创新型研究人才的时代要求，本文借鉴国外先进的财经类研究型大学——日本一桥大学的管理及治学经验，试图探索一条适合国内财经类大学向研究型大学的转型之路。

关键词：产业结构　财经类大学　研究型大学　一桥大学

一、我国产业结构的升级转型呼唤高等教育体系的改革

2000—2011 年我国第三产业在 GDP 中的占比不断上升（见表 1），到 2011 年占比达到 43.4%；与此同时，第一产业的占比呈现逐年下降的趋势，在 2011 年降为 10.0%；第二产业的比重在这十几年里有升有降，基本保持不变，稳定在 46% 左右。从三次产业的贡献率角度来看，第二产业的贡献率最大，在这十几年里都超过 50%，个别年份甚至超过 60%；第一产业的贡献率最小，基本在 4% 左右徘徊；第三产业在经济形势较好的几年里贡献率较大，贡献率大小和全国经济形势的好坏呈正相关。

表 1　　我国 2000—2011 年三次产业结构比例、贡献率及对 GDP 的拉动　单位：%

中国	三次产业结构			三次产业贡献率			三次产业对 GDP 的拉动			
年份	第一产业	第二产业	第三产业	第一产业	第二产业	第三产业	GDP	第一产业	第二产业	第三产业
2000	15.1	45.9	39.0	4.4	60.8	34.8	8.4	0.4	5.1	2.9
2001	14.4	45.2	40.5	5.1	46.7	48.2	8.3	0.4	3.9	4.0
2002	13.7	44.8	41.5	4.6	49.7	45.7	9.1	0.4	4.5	4.1

续表

中国	三次产业结构			三次产业贡献率			三次产业对 GDP 的拉动			
年份	第一产业	第二产业	第三产业	第一产业	第二产业	第三产业	GDP	第一产业	第二产业	第三产业
2003	12.8	46.0	41.2	3.4	58.5	38.1	10.0	0.3	5.9	3.8
2004	13.4	46.2	40.4	7.9	52.2	39.9	10.1	0.8	5.3	4.0
2005	12.1	47.4	40.5	5.6	51.1	43.3	11.3	0.6	5.8	4.9
2006	11.1	47.9	40.9	4.8	50.0	45.2	12.7	0.6	6.3	5.7
2007	10.8	47.3	41.9	3.0	50.7	46.3	14.2	0.4	7.2	6.6
2008	10.7	47.3	41.8	5.7	49.3	45.0	9.6	0.6	4.7	4.3
2009	10.3	46.2	43.4	4.5	51.9	43.6	9.2	0.4	4.8	4.0
2010	10.1	46.7	43.2	3.8	56.8	39.3	10.4	0.4	5.9	4.1
2011	10.0	46.6	43.4	4.6	51.6	43.7	9.3	0.4	4.8	4.1

资料来源：国家统计局统计资料。

表 2　　　　　　美国、日本、德国 2000—2011 年三次产业结构比例　　　　单位：%

三次产业结构	美国			日本			德国		
年份	第一产业	第二产业	第三产业	第一产业	第二产业	第三产业	第一产业	第二产业	第三产业
2000	0.97	18.17	80.86	1.51	24.24	74.25	1.11	25.23	73.66
2001	0.96	17.01	82.03	1.45	23.18	75.37	1.21	24.92	73.87
2002	0.89	16.69	82.42	1.47	22.61	75.92	0.99	24.42	74.59
2003	1.04	16.49	82.47	1.39	22.66	75.95	0.92	24.55	74.53
2004	1.21	16.85	81.94	1.33	22.80	75.87	1.07	25.05	73.88
2005	1.01	16.83	82.16	1.22	22.33	76.45	0.80	25.23	73.97
2006	0.92	16.88	82.20	1.18	22.24	76.58	0.82	26.09	73.09
2007	1.05	16.73	82.22	1.15	22.45	76.40	0.87	26.42	72.71
2008	1.14	16.55	82.31	1.15	21.88	76.97	0.96	25.93	73.11
2009	1.03	15.45	83.52	1.16	20.28	78.56	0.75	23.33	75.92
2010	1.10	16.22	82.68	1.16	21.90	76.94	0.80	25.26	73.94
2011	1.09	16.07	82.84	1.16	21.35	77.49	0.93	26.21	72.86

资料来源：国泰安 CSMAR 数据库。

　　表 2 为发达国家三次产业的 GDP 占比，这里分别选取了美国、日本、德国三个发达国家。在 2000—2011 年，三个国家的第三产业在 GDP 中均占 70% 以上，美国甚至超过了 80%；日本、德国的第二产业占比在 20% 左右，美国只有

百分之十几；三个国家的第一产业占比只有1%左右。以上数据显示，发达国家的第三产业在产业结构中的占比非常大，为国家主导产业，对GDP的贡献也很明显。

21世纪以来，我国产业结构不断优化，逐步从第一、第二产业转向第三产业。但是，相对于发达国家，第二产业的占比仍然太大，第三产业的比重偏小，服务业的发展情况与发达国家相比存在着相当大的差距。同时，我国的支柱产业仍为以机械、纺织为代表的重工业及传统轻工业。长期以来，我国被称做"世界工厂"，但是从第二产业的内部生产结构来看，工业化水平依然处于初级、低层次阶段，其比较优势主要源于廉价的劳动力生产成本，竞争力仅仅体现在组装加工环节，产品附加值低，处于全球产业价值链的最底端。

另外，从我国第三产业对经济增长的贡献率来看，21世纪以来，第三产业对经济增长的推动作用不太明显，个别时间段甚至还有小幅的下降。而反观欧美等发达国家，第三产业的占比非常大，对经济增长的推动也相当强劲。

经济增长模型和产业结构升级理论表明：技术进步是促进经济增长、推动产业结构升级的核心力量。虽然我国是劳动人口大国，劳动力价格低，发展劳动密集型产业投资少、收效快，但是从长远来看，要维持经济的持续稳定增长，必须大力发展高新技术行业和第三产业，提高劳动者的受教育水平和综合素质，实现从劳动密集型产业向资金密集型和技术密集型产业的升级转型。

而教育是从资源依赖型和投资驱动型转变为创新驱动型经济发展模式的基础，为产业结构升级提供重要的人力资源保障。研究表明，一个国家的科技进步和经济增长速度与其国民的受教育程度存在着显著的正相关关系。往往科技大国和经济大国都是教育强国，典型的标志是其研究型院校质量高，研究型人才多。一般来说，劳动者受教育水平越高，其科学技术水平和创新能力就越高，劳动生产率也就越高。因此，高等教育可以通过优化劳动力知识结构来优化各产业之间的技术结构和产业内部的技术结构，从而推动产业结构的转型升级。

综上，高等教育体系的改革可以带来技术进步和产业创新，进而优化我国的产业结构，改变我国处于世界产业价值链最底层的现状。因此，加速产业结构的升级转型需要建立并完善一套与之相适应的高等教育体系。

二、财经类大学转型成为研究型大学的重要性

目前，我国高等教育已有几十年的发展历史，形成了"研究型大学——重

点大学——普通大学——职业技术专科学校"的分层级结构。其中，研究型大学主要是指 39 所 "985 工程" 院校，重点大学主要是指 100 所 "211 工程" 院校，普通大学是指除 "985 工程" 和 "211 工程" 以外的其他普通高等院校，职业技术专科学校主要是指高等职业学校和高等专科学校。

表 3 　　　　　　　　　2012 年全国高等教育各层次学生人数　　　　单位：人

高等教育 Higher Education			
	毕业数	招生数	在校数
（一）研究生 Postgraduates	486 455	589 673	1 719 818
博士 Doctor's Degree	51 713	68 370	283 810
硕士 Master's Degree	434 742	521 303	1 436 008
（二）普通本专科 Undergraduates in Regular HEIs	6 247 338	6 888 336	23 913 155
本科院校 HEIs Offering Degree Programs	3 766 542	4 264 982	16 028 782
高职（专科）院校 Higher Vocational Colleges	2 383 347	2 550 021	7 597 464
成人高等学校 Audlt HEIs	60 940	49 804	164 045
其他机构（点）Other Institutions	36 509	23 529	122 864

资料来源：中华人民共和国教育部 2012 年教育统计数据。

从我国高等教育各层次学生人数来看，普通本科的在校学生人数最多，远超其他层次的人数，并且超过总人数的 50%；高职（专科）院校的在校学生人数其次，但是与本科的人数差距非常大；而研究生的在校人数最少，仅占高等教育总人数的 6%，呈不完全规则的"橄榄形"。

在过去的十几年里，这种"橄榄形"结构推动了高等教育的区域发展和层级式发展，为产业结构主体转变提供了动力。但目前我国产业结构转型已经踏入深水区，现存的高等教育体系开始与产业结构转型的需求不相适应，出现大量结构性失业和"过度教育"现象。一方面，本应由职业技术人才承担的工作却让本科生甚至研究生来做；另一方面，一些研究职位缺乏相应的研究型人才来支撑，部分关键的高级技术岗位即使出高薪也无法聘请到合适的科研人才。因此，大力培育能有效促进科技进步并且利于产业结构优化的科研人员、高科技人才已是迫在眉睫。

一国的科研能力很大程度上取决于本国高水平大学的数量和质量，而这些可以通过其在世界上的排名直观体现。目前，使用最多的三种大学排名为：泰晤士高等教育世界大学排名、世界大学学术排名和 QS 世界大学排名，这三种排名方式所利用的指标和评判方式各有不同。

表 4   **世界大学排名指标和评判方式**   单位：%

排名方式	指标	占比
泰晤士高等教育世界大学排名	引用—研究影响	32.5
	研究—数量，收入和声誉	30
	教学—学习环境	30
	国际多样性	5
	工业收入和创新	2.5
世界大学学术排名	诺贝尔奖得主和菲尔兹奖得主的教师数	20
	各学科领域论文被引用次数最高的学者人数	20
	《自然》或《科学》发表的论文数	20
	科学引文索引（SCIE）和社会科学引文索引（SSCI）收录论文数	20
	全职教师人均学术表现	10
	诺贝尔奖得主和菲尔兹奖得主的毕业生/学生数	10
QS 世界大学排名	学术领域同行评价	40
	单位师资论文引用率	20
	教师/学生比	20
	基于雇主的学生就业评价	10
	国际教师和国际学生占总教师和总学生的比例	10

资料来源：于永达、陈源：《高校实质影响力及其形成——以法国顶尖高等专科学院为例》，载《高等教育研究》，2013（2），29 页。

从上述三大主流的世界大学排名指标可以发现，学术成果和学术研究人才在决定大学排名中占据主导地位。世界排名靠前的一流大学基本都是研究型大学，因而高水平的研究型大学在全球教育领域起着引领作用，对推动整个人类社会的进步有着巨大的正效应。而我国上榜的大学主要排在第 200~500 名，类型为国内的"985 工程"研究型院校（如清华、北大等）。"985 工程"中的专业类院校、"211 工程"院校和普通高等院校没有一所出现在世界大学排名的前 500 名中。

可以看出，我国研究型大学比例极低，重点大学、普通大学比例较大，且多进行的是专业类教育而非科研类教育（也非职业技术类教育）。这与上文分析中得出的我国高等教育结构呈"橄榄形"的结论完全吻合。然而，当具体到与第三产业的人才需求契合度较高的财经类院校时，其共性中具备一定的特殊性：截至 2013 年，我国共有财经类大学 25 所，其中"985 工程"和"211 工程"院校共 5 所，剩余的 20 所为普通高等院校。该类院校在科研人才培养方面与国外研究型大学相比存在一定差距。相反，在全国范围内，相比财经类大学，财经类职业技术专科学校就显得数量众多、种类繁杂。就四川省来说，有四川财经职业学院、四川省财政学校、四川石油财经学校、四川省绵阳财经学校等一系列财经类职业技术学校。这些学校主要进行的是职业技术培训，以满足处于中低端的职业技术类职位的需要。由此可见，当前我国财经类高等教育体系中，职业技术专科学校的数量并不在少数，而最紧缺的是培养高端创新型人才的研究型大学。

一国科研人员的数量和质量可以反映出该国综合实力和可持续发展能力，而大学的研究生教育是提供和储备这些智力资源的主要渠道。从发达国家的经验来看，它们早在工业化之初，就已经意识到了发展研究生教育的重要性，因而在不断扩大研究生招生规模的基础上，重点关注研究生教育的质量。一些著名大学如哈佛大学等的研究生与本科生人数之比接近1:1，甚至有的研究生人数还超过了本科生人数。目前我国的研究生教育不论从规模上还是质量上都远远满足不了生产力发展带来的产业升级转型对高级专门人才和科研人员的需求，所以高等学校应该积极探索一条针对硕士、博士研究生尖端教育的转型之路。

那么，究竟应该怎样调整高等教育结构来适应经济增长方式的转型？鉴于目前高等教育体系中研究型大学偏少的现状，参考世界一流研究型大学的治理经验，摸索一条适合财经类大学向研究型大学的转型之路，对于加大创新人才和研究型人才的培养，促进第三产业发展，推动产业结构升级转型意义重大。

三、财经类大学的转型探索——以日本一桥大学为例

研究型大学主要是指进行全日制学术型高等教育，以培养教学和科研人才为主，给毕业生授予学术型学位的高水平大学。

日本一桥大学是世界一流的财经类研究型大学，是日本经济类排名第一的专业院校，有着严谨的治学理念和先进的科研管理机制。一桥大学追求内涵式发展，实行教授治校，推崇科研能力和学术创新能力，非常看重硕士和博士教育。从办学至今，其不断地给日本金融工商界等领域输送高水平人才，对日本社会和经济的发展产生了深远的影响。因此，一桥大学先进的管理及治学经验，对于探索一条适合我国经济发展及产业结构升级的财经类大学的转型之路具有重要的参考意义。

作为世界一流的研究型大学，日本一桥大学在科研管理机制、培养人才方案、招生和就业等方面有如下特点。

（一）特殊的科研人才培育机制

一桥大学拥有独特的本硕连续培养制度：由四年本科教育和一年硕士研究生教育构成，入学四年后取得学士学位，五年后取得硕士学位，培养制度由"专门职业人才培养课程"和"一般课程"构成。此外，取得优异科研成果的学生，也有可能在至少 9 年才能取得博士学位的期限上缩短 1 年。

一桥大学治学的另一大特色是研讨会制度。研讨会制度带有强制性，本科生和研究生（含博士生）分别在专业导师的带领下，由 5～15 人组成，每周开展一至两次科研活动，主要进行论文的学习、讨论和交流。研讨会制度安排如下：本科入学第一年是"导入研讨会"（培养学生获得专业基础知识的能力）；第二年是"前期研讨会"（学生需要掌握利用英语文献学习专业知识的基本能力，让学生从"学习英语"到"用英语学习"）。第三、第四年的本科生以及硕士研究生和博士研究生将按不同的层次分别参加"后期研讨会"，学生首先选择自己喜欢的专业领域，然后在由该专业权威学者组成的导师团队带领下，在 10 人左右的研究班里一起学习。

（二）系统全面的课程设置

一桥大学本科一年级和二年级的课程，主要是基础课和入门课程。围绕初级微观经济学、初级宏观经济学以及初级计量经济学三个核心，提供三方面的知识支撑：第一是经济学思想演变、经济发展的历史、市场运作机制的知识；第二是数学工具；第三是学习方法和研究方法。这种课程设置，不仅注重数学工具的掌握，同时也加强对学习方法和研究方法的引导。在三年级，除了微观经济学和宏观经济学之外，还开设了大量专业课程（约有 150 学分），同时注重数学能力的进一步提升。四年级开设的课程更加丰富，有中级和高级两个层次的微观经济学、宏观经济学和计量经济学，以满足普通本科生和优等生（本硕连读生）选课的需要。一桥大学本科生的课程设置非常重视培养学生的科研能力，为学生进入研究生学习阶段打好基础。

在硕士和博士阶段开设的课程与本科阶段开设的课程类似，主要包括与数学相关的高级课程，高级宏观、高级微观和高级计量经济学等经济学课程，以及由不同教研室开设的更为高级的专业课程。这些课程与本科生课程相比，内容更加丰富，知识结构更为系统全面，研究点也更加深入。数学和"三高"等基础课程的设置促进了研究生形成全面系统的知识结构，提高了研究生的认知能力，为他们今后从事科研活动奠定了牢固的基础。专业课程则强调前沿热点，有利于激发他们的创新型思维，培养实际从事科研工作的能力。

（三）以研究型人才培养为主的教学重心

从研究型人才的数量上来看，如图1所示，21世纪以来，一桥大学的硕士研究生和博士研究生的数量一直保持稳定，并且差距甚微，基本维持在1:1的比例。虽然一桥大学从2004年开始招收专业型硕士研究生，但这并没有影响它招收学术型硕士和博士研究生的数量。

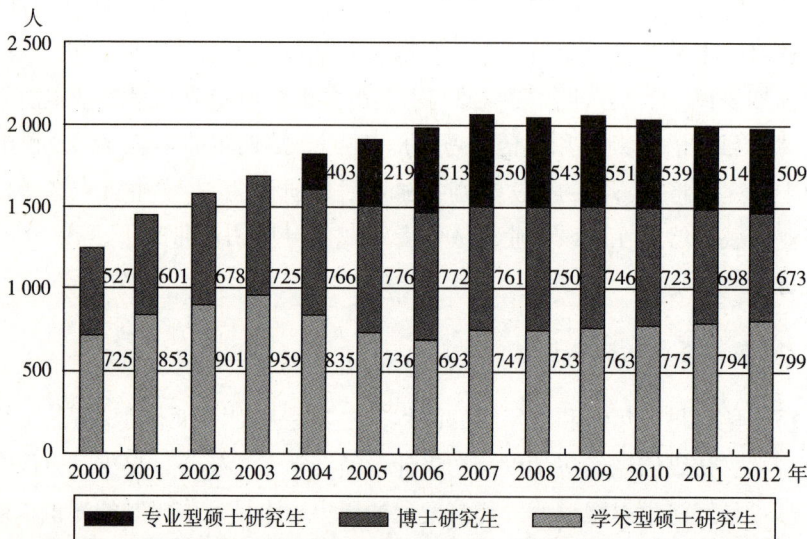

资料来源：根据日本一桥大学的调研资料整理。

图1 一桥大学2000—2012年研究生人数

就研究型人才的培养质量而言，一桥大学在教学科研中同样秉承日本"科技立国"的理念。学位授予制度非常严格，整个经济学研究科常常一年只有1~2个博士学位授予指标。同时，对于科研成果，一桥大学也始终保持着宁缺毋滥的严谨态度，对教授、副教授一般没有年度论文发表数量上的要求，相反则是倡导十年磨一剑般出精品。

因此，无论是在招收还是培养的过程中，一桥大学重点关注的是高质量的研究型人才和创新型人才的挖掘开发，特别是硕士、博士研究生教育得到了全校上下的高度重视和学校所有资源的优先支持。

（四）服务社会的精英教育理念

表5　　　　　　　　一桥大学2011年硕士毕业生去向　　　　　单位：人

就业去向	人数
银行	9
证券/保险	24
贸易公司	6
金属制造业	3
化学制品制造业	7
电器机械制造业	24
建设类/房地产	4
运输	3
情报/通信	24
公务员	17
其他工作类型	43
就业者总计	164
恢复原职者	48
进学者	62
其他	160
毕业生总计	434

资料来源：根据日本一桥大学的调研资料整理。

2011年一桥大学共有434名硕士毕业生，参加工作的有164人，继续深造的有62人，就业比率为37.8%。从硕士毕业生选择的具体单位来看，大多进入的是对国家政治经济有较大影响的企业或者部门，说明一桥大学培养的研究生对日本社会经济的发展起着举足轻重的作用。

同时，相当一部分硕士毕业生选择了继续深造，这一点也再次从侧面印证了一桥大学对博士研究生教育的重视程度、积极培养研究型人才的办学宗旨以及在研究生招生过程中侧重筛选有学术潜力的可塑之才的长远眼光。

通过对一桥大学办学宗旨和科研教育机制的分析，我们总结出以下几点经验：首先，应重视科研活动，高频度开展研讨会给师生提供更多学术交流的平台和机会，训练学生学会辩证思考问题，提高学生的逻辑思维能力。其次，在大力发展硕士研究生和博士研究生教育的同时，注重本科生科研能力和创新型思维的培养，尤其是在课程设置方面，应系统全面，循序渐进，逐级递增，本科生期间开设大量基础理论课程，培养学生从基础入手，从理论入手，为以后从事科研工作打好基础。在教学过程中，强调学生对数学工具的使用，为学生未来进行科研工作提供了多种定量分析手段。另外，为鼓励更多学生投入到科研事业当中，可向一桥大学学习设置特殊的本硕博连读学制，缩减学生的在校时间，让学生有更多的精力投身于社会实践中，加大理论和实践的结合力度；同时，在人才的培养过程中要始终贯彻服务社会的理念，鼓励师生创造出更多创新型科研成果，对一国基础科研事业的发展作出积极的影响和贡献。

四、结论及建议

目前，我国产业结构转型已经步入深水区，需要我国高等教育体系的优化升级作为牵引力量来加以推动。我国"橄榄形"的高等教育结构很大程度上制约了创新技术的产生和科学技术进步，也在一定程度上造成了就业市场供需不均、大学生就业难等问题。因此，为了满足产业结构转型升级的需要和改善大学生就业环境，"中间多、两头少"的高等教育格局必须得到改善。就直接面向第三产业输送人才的财经类高等教育体系而言，普通本科及职业技术类人才均不在少数，而高水平的创新型研究人才却极度匮乏。因此，特色鲜明、重点突出、针对性强的财经类大学，应率先迈出向研究型大学转变的坚定步伐。具体可以参考和借鉴一桥大学的成功治学经验，在人才培养方案、教育理念、课程设置、招生制度、科研管理制度等方面作出转变，逐步向世界一流的研究型大学靠拢。我们坚信，财经类大学作为改革先行者，能够担负起培养更多优秀科研人才，改善高等教育体系的不合理，优化人力资源结构，推动完成我国产业结构升级转型的重大历史使命。

参考文献

[1] 陈超：《产业结构现代化与高教结构改革——发达国家的经验及对我们的启示》，载《比较教育研究》，2001（9），41～44页。

[2] 沈红：《世界一流大学的必经之路——兼论研究型大学的本质属性》，中国江苏南京：教育理念创新与建设高等教育强国——2010年高等教育国际论坛，2010。

[3] 闵维方：《教育在转变经济增长方式中的作用》，载《北京大学教育评

论》，2013（4），17～26页。

［4］姚凌岚：《中国产业结构现状及发展方向》，载《时代金融》，2010（7），4～5页。

［5］于永达、陈源：《高校实质影响力及其形成——以法国顶尖高等专科学院为例》，载《高等教育研究》，2013，34（2），28～34页。

［6］张辉：《全球价值链理论与我国产业发展研究》，载《中国工业经济》，2004（5），38～46页。

［7］朱国仁：《1998年我国高等教育发展结构比较分析》，载《高等教育研究》，1999（6），69～74页。

［8］Acemoglu，K. D.，"Human Capital and the Nature of Technological Progress"，*The AstraZeneca and StoraEnso Lecture*，Stockholm，Swenden，2003.

［9］Fagerberg Jan，"Technological Progress，Structural Change and Productivity Growth：A Comparative Study"，*Structural Change and Economic Dynamics*，2000，（11）：393 －411.

我国保险人才供求的结构性失衡：
现状、成因与对策

广东财经大学金融学院　李亚青

摘要：保险人才的"不够用、不适用、不被用"，已成为我国保险业发展过程的一个"短板"。本文对我国保险人才供求的结构性失衡的现状、成因进行了研究，指出由于保险高等教育滞后和人才培养同质化等原因，我国保险人才在学历结构、层次结构和专业结构三个方面存在显著的失衡。在供给总量严重不足的情况下，这种结构性失衡进一步加剧了保险市场的人才供求矛盾。为缓解结构性失衡状况，应加快构建多层次人才教育体系，实现保险人才的分层次培养和"宽口径"教学，并加强学界与业界的联系，充分利用保险行业协会实施精英人才培训计划。

关键词：保险人才　结构性失衡　高等教育

人才是保险企业的核心竞争力。保险人才已经成为推动保险业发展的第一资源。作为金融业中开放时间最早、步伐最快、力度最大的行业，保险业面临的人才竞争也最为激烈。长期以来，保险业人才成长速度总体上低于行业的发展速度，保险人才培养一直是保险业发展过程的一个"短板"。保险人才严重短缺，后备队伍捉襟见肘，人才供给总量不足和供求结构性失衡并存。西南财经大学副校长卓志教授将其形象地概括为九个字，即"不够用、不适用、不被用"[①]。据测算，近年来我国每年的保险人才需求在 16 000 名左右。我国保险业人才供需之间的比例约为 1:4，供需存在巨大的缺口。与此同时，保险高等教育滞后于保险业发展的需要，高端精英人才和基层应用型人才明显不足，精算、核保、理赔等专业人员严重短缺。保险人才在学历、层次和专业三个方面存在严重的结构性失衡。在人才供给总量不足的严峻形势下，上述结构性失衡一方面造成保险人才

---

① 中国保险网：《保险业人才培养面临新挑战》，http://www.china-insurance.com/news-center/newslist.asp? id=180895，2011-09-27。

的流失和浪费，另一方面进一步加剧了保险业人才供给不足的矛盾。

一、我国保险人才供求的结构性失衡现状

（一）人才学历结构：受过高等教育者的比例偏低

据统计，截至 2012 年底，84.65 万名保险公司职工中，持有本科文凭的职工占职工总人数的比例在 20% 左右，而有硕士以上学历的职工仅占职工总人数的 2%，具有高级职称的人才只有 1.5%[①]。在全国 330 多万名保险营销人员当中，拥有大专以上文凭者不到 30%，大部分是高中或者中专学历，且普遍缺乏保险专业知识。

人才学历结构失衡，实质上是接受保险学高等教育人才的总量供给不足。根据西南财经大学的研究预测，到 2015 年，我国保费收入将达到 3 万亿元，需要保险从业人员约 1 000 万人左右。其中，对保险高级管理人才的需求将超过 5.8 万名，对保险精算人才的需求将超过 700 名，对保险核保人才需求将达到 1.3 万名。而到 2015 年，高等院校的保险专业人才供给不到 1.3 万名[②]，远远不能满足市场的需要。

（二）人才层次结构：高端精英人才和基层应用型人才明显不足

保险业发展的过程，是规模不断扩大、险种不断丰富的过程，保险人才需求也体现出多层次和不断变化升级的过程，既需要动手能力强的基层应用型人才，也需要知识面广、综合素质强的复合型人才。特别是加入世界贸易组织以后，我国保险业向国际化、全球化趋势转化，对熟悉国外保险运营模式及相关游戏规则，具备国际化视野和较强管理能力的高端复合型人才有着极为迫切的需求。

总体上看，经过三十余年的快速发展之后，当前我国保险业对保险人才的需求体现出明显的"金字塔"形特征：位于金字塔底层的是展业、营销、核保、理赔等基层应用环节的"业务型、操作型"专业人才，市场对其具有最广泛的需求；位于金字塔尖的精算、市场战略、高级经营管理等高端精英人才，市场需求数量相对最小，而对投资、IT、营销管理、产品研发等中层经营管理环节的

---

① 国家统计局：《中国统计年鉴（2013）》，北京，中国统计出版社，2014。

② 中国保险网：《保险业人才培养面临新挑战》，http://www.china-insurance.com/news-center/newslist.asp? id=180895，2011-09-27。

"技术型、复合型"专业人才的需求则处于中间水平。然而，从保险人才供给来看，我国保险高等教育在人才培养层次上呈"橄榄形"结构，即普通理论型人才相对较多，高端精英人才和基层应用型人才缺乏，尤其是基层应用型人才，远远难以达到保险业发展的需要。

（三）人才专业结构：专业或专门人才严重缺乏

随着社会经济不断向前发展，一方面，保险业规模的不断扩大对保险人才需求总量产生积极的影响；另一方面，保险需求不断变化，从而对保险人才需求的结构也相应出现新的变化，突出地表现为对各类专业或专门人才的需求。例如，在人身保险领域，居民财富的增长将使个人和家庭更加重视投资理财，对于保险理财规划师等专业人才的需求将不断增长。在财产保险领域，对外贸易的迅速发展将形成对既懂外语外贸、又精通保险的专业人才的迫切需求；国民汽车消费的不断增长，产生对既熟悉汽车相关知识、又具备保险专业知识的人才的大量需求；法制的健全使企业和个人更加重视经济责任风险，使责任保险将迎来发展契机，法律、保险复合型人才将受到保险业的青睐。近年来，随着我国自主创新战略的推进，高新技术企业产品研发责任保险、科技成果转化保险、计算机与网络技术保险等科技保险将逐步得到发展，从而需要一批精通计算机等相关专业技术的人才加盟保险业。

从人才的专业结构来看，除了上述专业人才短缺以外，精算、核保、理赔等专业人员所占比重明显偏低，远远落后于保险业发展的需要。以业内最紧缺的精算师岗位为例，截至 2012 年 3 月 27 日，我国仅有 251 人次取得中国精算师资格证书，1 432 人次取得准精算师资格证书。加上国际认证的精算师，全国的精算师不到 500 人①。而据慕尼黑再保险预测，中国有望于 2015 年成为世界第三大保险市场，未来 10 年内专业精算师需求量将升至 5 000 人②，可见，未来我国保险业将对精算师人才形成巨大的需求缺口。另据 2010 年《福布斯》亚洲企业人才调查，保险承保（核保）人员和保险理赔人员均列在"十大急需人才"范围

---

① 凤凰网：《中国产生首批 19 位通过考试的非寿险精算师》，http：//finance. ifeng. com/a/20120327/5813827_0. shtml，2012 - 03 - 27；中国广播网：《澳大利亚就业较容易的热门专业》，http：//henan. sina. com. cn/edu/cglx/2010 - 12 - 22/206 - 12246. html。

② 慕再：《未来 10 年内专业精算师需求量将升至 5000 人》，http：//money. sohu. com/20120523/n343902112. shtml，2012 - 05 - 23。

之内①。

二、我国保险人才供求的结构性失衡成因分析

（一）保险高等教育滞后于保险业的发展

高等院校是培养保险人才的主要阵地。然而，由于历史原因，我国保险高等教育一直滞后于保险业的发展。在 1980 年恢复商业保险之前，保险教育曾遭遇 20 年的真空期。1980 年以后，中央财政金融学院（现中央财经大学）、南开大学、武汉大学、辽宁大学和西南财经大学等几所高校先后开设保险专业，高等院校保险专业教育在很大程度上有力地支持了保险业的改革与发展。21 世纪以来，随着我国加入世界贸易组织，各高等院校争相恢复、增设保险专业，使保险专业教育迅速发展壮大。目前，全国有近百所高等院校开设了保险学专业本科学历教育，其中，中央财经大学、对外经贸大学、西南财经大学、上海金融学院设立了专门的保险学院。全国高校每年为保险业输出人才 5 000 ~ 6 000 人。但是从总体上来看，由于起步较晚且发展波折，各高校保险专业学生的培养质量良莠不齐，培养的人才数量远远达不到市场的需求。

因为保险专业人才的培养是一个渐进、累积的过程，面临高速发展的保险业和不断增长的保险人才需求，保险高等教育滞后导致保险人才供给出现严重不足。因市场主体大量增加和保险业规模的扩大，各保险公司及其分支机构对人才的需求急剧增长。以广东省为例，该省保险业内勤部门和保险专业中介机构每年需要的新增保险人才至少在 5 000 人，而广东省高校每年保险专业的毕业生不足 400 人，存在相当大的保险人才供给缺口。保险高等教育的滞后和保险人才总量的匮乏，导致保险市场上的"人才拉锯战"及人才的无序流动，极大地阻碍了我国保险业的健康、可持续发展。

（二）高等院校保险人才培养同质化严重

人才培养同质化严重突出地表现为各高校保险专业课程设置雷同。无论是重点院校，还是普通高职院校，通常都将《保险学》《人身保险》《财产保险》《再保险》《保险法》《保险精算》等列为保险专业必修课，对于责任保险、农

---

① 搜狐新闻：《〈福布斯〉评亚洲企业急需职位，中国区高管升值》，http：//news. sohu. com/ 20100419/n271608285. shtml，2010 - 04 - 19。

业保险和健康保险等急需发展的险种，普遍缺乏足够的重视。在现有课程体系下，各高校保险专业的学生在校期间要学习近 20 门专业基础课和 10 多门专业课，基本上满足了对保险"通才"的培养需要，但对于保险业发展急需的核保、理赔、精算等"专才"和非主流险种发展所需的专业人才，培养力度明显不足。社会风险的复杂化和保险险种的多元化，决定了保险业对人才的需求是多层次和多领域的。现有的这种"大而全"、缺乏层次性和针对性的专业教育，造成的直接后果就是："生产"出来的毕业生基础理论学而不深、专业学而不精，人才同质化问题突出，很难在就业时形成核心竞争力。特别是复合型人才和专业型人才培养划分不明确，导致毕业生往往需要保险公司花费大量的人力物力进行再培训才能符合要求。而对保险业急需的理赔查勘、计算机、法律、财务等专业型人才培养不足，造成了教育资源的浪费，也影响了大学生的就业和保险教育的可持续发展。

保险人才培养的同质化和缺乏层次性，导致出现"毕业生工作难觅"和"保险企业人才难求"并存的尴尬局面。一方面，保险企业求贤若渴，需要大量的操作性、技能型人才，以及高素质的复合型人才；另一方面，每年有限的高校毕业生往往难以达到用人单位的要求。特别是普通高校的毕业生，因为综合素质要远低于一流名牌大学的毕业生，但在实践操作方面又并不比名牌大学的毕业生强，就业"高不成、低不就"，面临更大的就业压力，这就进一步加大了保险人才的供求矛盾。

（三）学界与业界的联系和沟通不足

保险学科的应用性和不断发展性，决定了院校保险学教育应当紧密贴合社会需求，才能有效地实现"供需对接"，向社会提供符合用人单位需求的高素质应用型人才。特别是随着金融全球化进程的加快和互联网金融的发展，保险业竞争加剧，保险产品不断推陈出新，保险营销和服务方式不断发生变革，整个保险业经营的理念、战略、内容和手段等各个方面都将不断地发生变化。这就需要高校保险人才培养在目标定位、课程设置、培养模式和教学方法等方面不断地作出相应的调整，才能跟得上保险业日新月异的发展脚步。

然而，目前绝大多数高校保险人才的培养基本上处于封闭或半封闭的"自我循环"状态。无论是本科生教育，还是部分重点院校的研究生教育，普遍存在的问题是"重理论、轻实践"，教学内容与保险实务脱节。尽管保险市场和人才需求在不断变化，高校保险人才的培养定位和培养模式却一成不变。一是课程设置不能及时调整，数年甚至十余年都保持不变，主干教材内容陈旧滞后；二是实践型师资严重缺乏，绝大多数保险专业教师属于理论型人才，没有从事过保险实务工作和缺乏进入保险企业进修的机会，普遍存在实践经验不足、教学脱离实际的现象；三是在校学生以理论学习为主，缺乏"走出去"参加社会实践和专业实习的机会，导致难以实现理论知识与实践经验的有效结合。因此，保险专业毕业生往往"什么都懂一点，但什么都不会"，离用人单位的人才标准还有很大差距。我国保险人才的培养数量本身就不足，加上保险教育与保险业界缺乏经常性的沟通和联系，保险教育的针对性和有效性不够，就进一步加大了保险人才需求的结构性失衡程度。

（四）保险公司对人才培养及其储备缺乏应有的重视

保险专业人才特别是对保险企业发展至关重要的技术型、复合型、管理型、战略型等高端精英人才，需要一个长期的实践锻炼和成长过程。然而，现实情况是，国内大多数保险公司过于注重市场规模扩张和短期的经济效益，忽视公司的长远发展，对员工的职业关怀及生涯规划不足，对人才培养及储备缺乏应有的重视。考虑到保险人才培养的时间和经济成本，保险公司对人才需求和培养存在急功近利的心态。在一些保险公司，总部决策层在两年内、分支机构经理人在一年内不能在市场份额上有所建树，就面临"下课"风险。很多保险公司倾向于用"挖角"的方式来解决对高素质和高层次专业人才的需求。特别是新成立的保险公司，在成立之初往往开出高薪、高职等优厚待遇从老公司"挖"人，甚至一"挖"就是整个团队。各保险公司一方面从其他公司"挖"取所需的人才，另一方面对本公司的人才流失问题缺乏良策，造成整个保险业人才的无序、频繁流动和企业之间对人才的恶性竞争。最终的结果就是整个保险业精算、核保、理赔等专业人才严重缺乏，销售精英、专业技术人员、高级管理人员等高素质人才严重不足。保险人才需求方普遍青睐工作经验或社会资源丰富、能快速带来效益的"成品人才"，而缺乏对公司内部人才的长期培养机制和人才储备，是造成保险专业技术人才和高端人才供求出现结构性失衡的主要原因之一。

三、改善保险人才供求结构性失衡的对策

（一）大力发展高等教育，构建多层次人才教育体系

我国保险人才的学历教育层次，可以粗略地划分为研究生教育、本科教育和

以大专职业院校为主体的职业技能教育。当前，保险高等教育人才的供给总量仍远远不能满足保险市场对人才的需求，是造成保险人才学历结构失衡的关键原因。因此，当前的首要任务是大力发展高等教育。要结合我国保险发展的现状与趋势，定量评估各类保险专业人才的需求数量和需求缺口，尽快制定科学合理的人才发展规划。在此基础上，采取各种措施引导更多的高校开办保险学专业，有步骤地扩大已开办保险学历教育的高校特别是重点高校对保险专业的招生规模，在持续增加保险专业人才供给数量的同时，进一步提高保险专业人才的培养质量。通过大力发展高等教育，培养具有国际视野、综合知识与专业技能的复合型人才和战略型、管理型的高端精英储备人才。

其次，应加快发展保险职业技能教育，培养保险业急需的各类"懂业务、会操作"的基层应用型人才。2014 年 6 月 22 日，国家出台《国务院关于加快发展现代职业教育的决定》，提出要加快构建现代职业教育体系。统筹发展各级各类职业教育，引导一批普通本科高等学校向应用技术类型高等学校转型，加强职业教育与普通教育沟通，打通从中职、专科、本科到研究生的上升通道，为学生多样化选择、多路径成才搭建"立交桥"。在这样一个背景下，保险业应以现有的保险职业技术学院为龙头，联合其他开办保险专业教育的职业院校，借助国家扶持职业技能教育的政策加快发展保险职业教育，并使保险职业教育与普通国民教育中的职业技能教育相结合，培养出高素质、具有较强实践能力的基层应用型保险人才。

最后，应积极发展多种形式的保险人才职业培训和继续教育。自从 1992 年友邦保险引入营销员制度后，各保险企业逐步形成了以讲师培训为主的业务员培训体系。要进一步完善专业人才的培养系统，积极发展职业继续教育，加强对风险管理等知识的系统教育，提升从业人员的综合素质。要改变过去"急功近利"的心态，制定人才培养中长期战略，培养符合本企业文化和发展要求的专业人才。为此，一些大型保险企业已经建立了自己的培训机构，例如，太平洋保险集团成立了太保网络大学，为保险从业人员提供保险知识和业务培训。

（二）积极改革培养模式，实现保险人才的分层次培养

保险人才需要的多层次特征，决定了人才培养模式不能过于单一。为实现供需匹配，构建分层次的保险人才培养体系就变得很有必要。各高校应根据自身资源和条件，在培养方向上形成一定的层次。如表 1 所示，对于基层应用型人才和专业人才，应以高职学生和大专学生为重点，采取"订单式"培养为主，即教

学单位与用人单位特别是大型保险企业建立密切联系，根据用人单位的需求，批量"定制"他们所需要的特定岗位人才，以达到提升毕业生实践动手能力和减轻企业后续培训压力的双重目的，实现保险人才供需双方的无缝对接。对于技术型、复合型的中层经营管理人才，应当主要围绕本科学历教育，采用以校园教学为主要途径的"通用式"培养模式，体现"学有专攻"、"博专结合"的培养特色。而对于位于"金字塔"尖的创新型、复合应用型高端精英人才的培养，要着眼于拓宽知识结构，提高综合素质和创新能力，采用多途径、多方位和国际化视野的"综合式"培养模式。在课程设置上，要更加体现国际化特征和强调管理学、哲学、社会学、经济学等素质拓展课程的学习。高等院校应重视引进海外师资，推行双语教学，采用国际先进保险课程体系，推广北美精算师（SOA）等国际性的职业考试等。除了在大学校园内接受比本科更高层次的学历教育以外，需要更加重视实践中的培训和职业继续教育，包括企业内轮岗锻炼、企业间交流、听高层次人才的讲座、在职接受 MBA 和 EMBA 等后续教育等。

表1　　　　　　　　　　　　保险人才的分层次培养体系

人才层次	高端精英人才	中层经营管理人才	基层应用型人才
典型岗位	精算、市场战略、高级经营管理	投资、产品研发、IT、营销管理、会计核算	客服、营销、核保、查勘、理赔
学历层次	硕士、博士	本科	高职、大专及以下
课程设置宗旨	强调综合素质的培养	突出专业特长	结合特定岗位需要
培养模式	"综合式"培养	"通用式"培养	"订单式"培养

需要说明的是，表1列示的分层次培养体系只是一个粗略的划分。例如，每一类人才的学历层次并非是硬性规定，低学历层次的人也可以成长为高端精英人才。培养模式也不是绝对的，无论是哪一个层次的人才，都离不开理论与实践的结合，离不开高等院校与保险业界的紧密联系与合作。

（三）及时调整教学内容，实行"宽口径"教学

保险业是复合学科，涉及经济、法律、建筑、制造、医疗等各个专业领域。随着经济全球化的加深，保险业与其他行业的交融将不断增强，保险学科知识的多元性、复合性特征越来越明显，保险业在需要通晓特定专业领域的"专才"的同时，对于既懂保险专业知识，又熟悉相关专业领域的复合型人才将形成越来越大的需求。这就需要改变过去知识结构单一的人才培养体制，推行以复合型人才为重心的人才培养战略。但是，现行保险专业的课程设置基本上以保险学、人

身保险、财产保险等保险类课程为主，其他与保险业密切相关的专业课程，如医学、法学、管理学、经济学、建筑工程、机械设备、人口社会学等开设比较少。而在目前的教育体制下，这些非保险专业的学生又很少接受保险专业课程的教育，导致保险业急需的专业人才产生巨大的缺口，也加大了保险企业自身的培训压力。

因此，"宽口径"课程设置与教学就变得非常重要。要紧密结合保险业发展的需要，及时调整及更新课程设置和教学内容，使专业课程的设置符合保险市场对人才的需求，避免保险教育与现实脱节；要以金融学、保险学相关课程为核心，提供广泛的素质拓展课程和体现多学科知识的选修课程（见图1），如寿险核保理赔岗位需要的医学知识，涉外保险需要的外语外贸知识，保险营销中所需的心理学知识和商务礼仪，保险经营管理所需要的管理学和经济学知识，产险定损查勘中需要的建筑工程、工业制造与化工机械和车辆维修知识等。其中，专业核心课程相对稳定，素质拓展课程和选修课程需要结合保险人才需求的变动经常作出灵活调整，使整个课程设置充分体现保险学科的"宽口径、广覆盖"特征，给学生提供充分的选择空间，做到专博结合、文理兼修，既能为复合型人才的培养提供良好条件，又能为那些对特定方向感兴趣的学生"学有专攻"、成长为某个方向的"专才"创造机会。

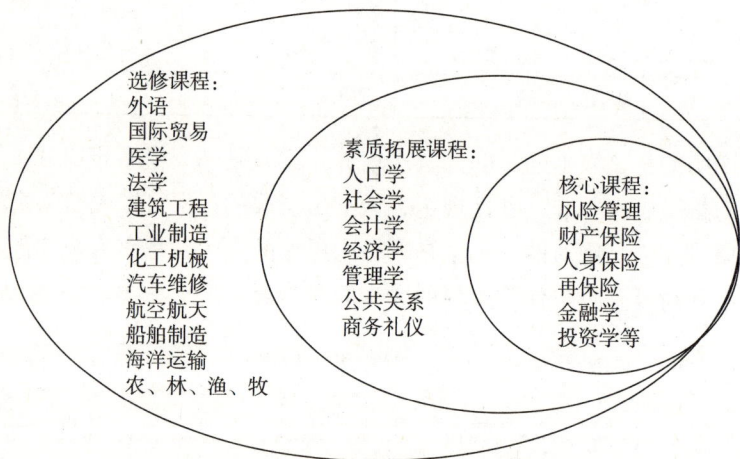

图1 保险专业教育的"宽口径"课程设置示意

（四）拓展实践教育资源，加强学界与业界的联系

首先，实践型师资的培养是发展保险教育的关键。高校可以通过为教师定期

提供到业界作调研、挂职锻炼等机会的方式来提升实践教学能力，保险公司也可以通过课题合作、设立保险实验基地和博士后工作站等方式，为实践型师资队伍建设提供平台。其次，通过充实兼职师资库，建立开放式教师资源库，让保险实务界的人士定期参与高校保险教育。例如，可通过聘请"客座教授"等方式，请保险公司高级管理人员到校开展专题讲座，可以针对核保、理赔等环节的教学，请保险公司或者公估公司的实务工作人员进行专题讲课等。最后，组建保险产、学、研合作教育基地，建立起供需双方相互交流的平台。例如，保险公司为高校师生建立实习基地，高校为保险公司提供员工培训基地，这种"校企互为基地"模式一方面扩展了师生接受实践锻炼的机会，另一方面可加强保险公司未来人才的补给，可实现供需双方的"双赢"。如中国人寿、太平人寿、中国出口信用保险等机构建立的学生实习绿色通道，西南财经大学保险学院与安盛/国卫保险集团设立"中国保险培训中心"等。德国著名的"双元制"模式，更是校企联合培养人才的典范。在该模式下，通常由大企业与高等职业院校联合，理论知识在学校学习，而实践性教学在企业完成。以德国西门子技术学院为例，该校就读的学生拥有得天独厚的进西门子公司参加实践的机会，西门子公司与技术学院之间在教学内容和实训内容方面进行充分协调。学生毕业去向明确，在校期间学习的针对性强；企业可获得缩短新员工见习期、节约新员工与企业的磨合成本等好处。因而这种校企联合办学方式取得了巨大的成功。

（五）强化保险行业协会的作用，实施精英人才培训计划

保险精英人才对于保险业的发展有着举足轻重的作用。但是这一类人才的成长，有着其独特的规律，除了需要良好的学历教育基础以外，更需要在工作实践中锻炼和培养。在实施精英人才发展战略时，可以借助高校及海内外保险界的师资来共同实施培训计划，更需要重视发挥保险行业协会的作用。实践已经证明，保险公司对人才的自主培训存在局限性，而保险行业协会通常是有经验、有资历的专业人士的集合体，除了通常的行业管理功能以外，保险行业协会普遍具有培训的功能，能够为保险公司搭建信息交流平台，通过各种途径进行人才交流和培训保险从业人员。因此，培训保险精英应当成为保险行业协会的重要使命。应通过监管层推动达成行业共识，尝试赋予保险行业协会实行强调性培训的权力，并通过建立保险产、学、研相结合的保险教育体系，充分发挥其在保险理论研究和保险教育方面的积极作用。与此同时，实行保险业人才信息化管理，实现全行业人才信息共享，促进保险专业人才特别是精英人才流动的有序化，有效缓解保险人才供需失衡问题。

参考文献

［1］任泽华：《我国保险教育供给与需求的思考》，载《上海保险》，2007（4），57~59 页。

［2］许飞琼：《中国保险业人才战略：现状、目标与关键措施》，载《保险研究》，2011（12），108~112 页。

［3］冯文丽：《我国保险人才供求的"两难矛盾"及保险教育创新》，载《全国商情（理论研究)》，2009（23），84~86 页。

［4］方有恒：《对广东保险人才需求的调查和分析》，载《上海保险》，2006（11），38~42 页。

［5］陈靖：《保险人才培养模式创新策略探究》，载《上海金融》，2011（1），116~118 页。

［6］李加明：《保险人才培养——我国大学保险专业教育的定位与定轨》，载《上海保险》，2011（11），35~45 页。

［7］颜青：《基于校企合作的"四模块"实践教学模式探讨——以高职金融保险专业为例》，载《中国成人教育》，2007（3），151~152 页。

大数据时代金融人才培养模式探析

上海金融学院　马欣　黄宝菊

摘要：大数据时代悄然来袭，席卷社会各个领域，新金融业态不断涌现，推动传统金融向信息化金融快步迈进。随之而来的是对金融人才的素质提出了更高的要求，对于高校而言，如何处理好继承传统和改革创新的关系，将夯实理论基础、加强实训操作技能、提升道德水准等要素有机融合是金融教育的重要任务。本文立足于大数据时代信息化金融对金融人才素质的要求，对金融学专业人才培养模式进行了深入的探讨。

关键词：大数据　金融人才素质　金融人才培养模式

"大数据"以其迅雷不及掩耳之势席卷全球，在社会各个领域引起重大的变革，其影响深入金融业的各个方面，极大地推动了传统金融向信息化金融快步迈进的步伐。大数据时代信息化金融的发展，对当前和未来的金融从业者应该具备的素质提出了更高的要求。金融业与教育业应进一步转变观念，大力开展大数据时代的金融教育和人才培养。对于高校而言，如何处理好继承传统和改革创新的关系，将夯实理论基础、加强实训操作技能、提升道德水准等要素有机融合是金融教育的重要任务。

一、大数据的定义及其特点

关于大数据的定义，国内外学者大多是从数据规模的角度来理解。维基百科将大数据定义为，"无法在容许的时间内用常规软件工具对其内容进行抓取、管理和处理的数据集合，大数据规模的标准是持续变化的，当前泛指单一数据集的大小在几十 TB 和数 PB 之间"。2012 年以来，大数据一词越来越多地被提及，人们用它来描述和定义信息爆炸时代产生的海量数据，并命名与之相关的技术发展与创新。正如《纽约时报》2012 年 2 月的一篇专栏中所称，"大数据时代已经来临，在商业、经济及其他领域中，决策将日益基于数据和分析而作出，而非基于经验和直觉"。哈佛大学社会学教授加里·金说："这是一场革命，庞大的数据资源使得各个领域开始了量化进程，无论是学术界、商界还是政府，所有领域都将开始这种进程"。

大数据的特点可以用四个"V"来概括：即数量多（Volume）、变化速度快（Velocity）、来源多样（Variety）、数据真实（Veracity）。与传统分析注重内部数据的整理和运用不同，大数据更注重于网络的及时、有效、密切的对接，不仅包含本部门或本单位范围内的数据，更包括同类行业、甚至不同行业的相关数据，而且强调将所有数据及来源结合起来分析，从而获得全面、尽可能正确的结论。大数据不只是分析，更重要的是对数据的管理。因此，大数据时代对人类的数据驾驭能力提出了新的挑战，也为人们获得更为深刻、全面的洞察能力提供了前所未有的空间与潜力。

二、大数据时代金融人才培养受到的冲击和挑战

大数据时代的来临，促使社会的一切领域发生深刻的变革。正如麦肯锡在2011年发布的《下一个前沿：创新、竞争和生产力》的报告中所指出的，大数据将引发各个行业、各个领域新一轮的生产力增长和创新。实践证明，大数据对社会和行业发展的影响是巨大的、深刻的、不可抗拒的，它促使人们在决策和执行时能够参照更加明确的标准和数据，同时与同行业、不同行业的相关数据发生互动和综合，并且通过对数据的合力共享和利用，以创造巨大的财富。这种新的变化将掀起信息技术革命的新浪潮，带动新的产业发展，对研发、生产、流通和社会管理等领域都有重要影响。大数据所代表的不仅是一种技术手段的创新，它同时也意味着所有行业的发展战略与商业运行模式甚至人的思维方式都将发生巨大变化。

大数据推动我国金融业发展逐步转向信息化金融，并衍生出移动金融、互联网金融等新的金融业态。金融信息化是我国金融改革工作适应新时代、新变化的一场革命性变革，为我国金融行业发展和体制变革创造了新的契机。一方面，金融体系利用其在软硬件和数据占有与处理能力等方面的优势，不断完善自身原有的客户服务、风险管理、资源配置以及支付结算模式，使交易更透明、服务更快捷，运营成本更低。另一方面，信息技术不断升级，各类机构纷纷进入或者试图进入信息化金融领域，在银行、保险、证券之外，电商、移动运营商、IT企业也非常活跃，"你中有我，我中有你"的金融混业经营趋势进一步显现，创新活

动层出不穷，在一定程度上改变着金融业态，金融领域正经历着信息化时代新的变革，信息化金融正成为金融业的重要发展方向。

在信息化金融飞速发展的新形势下，目前金融领域的人才队伍和人才培养模式已经不能完全满足聚集金融业务、各种新兴信息化技术于一体的技术密集型产业，亟需大量既能熟练掌握各种类型金融业务、信息技术，又能具备一定管理能力等多种知识技能的复合型人才。特别是在大数据领域，对相关从业人员的业务理解能力、数据资产管理能力、数据处理能力以及数据挖掘能力的要求更高。然而众所周知，目前我国银行业对大数据的应用和数据管理还处在起步阶段，大数据的标准和产业格局尚未形成，大数据的开发利用战略尚不清晰，大数据的挖掘和利用需要立法规范，信息共享和信息保护机制有待完善，理解大数据并能够利用大数据进行创新的人才亟待培养和储备。这些方面都对金融高等教育的发展和金融人才的培养提出了新的诉求和挑战。

三、金融人才培养模式现状及存在的问题

作为金融人才培养的主要输出单位，我国金融高等教育主要引进了西方的金融教育理论。在学科定位方面，可分为"经济学院模式"（主要关注理论问题或宏观问题）和"商学院模式"（主要关注金融领域的实践问题或微观问题）；在人才培养定位方面，将毕业生是否能够很快适应工作、具有较强的就业竞争力作为主要目标；在课程设置方面，突出用资产定价模型、方差模型等微观金融模型进行市场分析，制定决策。传统金融行业对人才素质的需求可以概括为：具备学习和吸纳知识的能力、具备风险规避能力、具备商机捕捉能力、具备规则运用能力、具备问题发现能力等。随着大数据时代的来临，传统金融人才的素质内涵已经不能满足信息化金融对金融人才的需要，日益成为制约信息化金融发展的关键因素，主要表现在以下方面。

（一）知识面狭窄，缺乏风险监控能力和应变能力

在金融人才培养过程中，国内高校金融专业的学科定位一直是在"经济学院模式"和"商学院模式"之间寻求平衡，以关注宏观理论问题（主要针对国家之间的金融战略和某个国家的货币或金融宏观政策）为主要研究对象的"经济学院模式"强调的是基础理论的学习；而重视金融人才实践动手能力、金融事务操作技能、快速适应金融工作岗位的需要等方面的"商学院模式"主要以

西方现代金融理论为指导，关注金融领域的实践问题或微观问题（尤其是关注金融市场上的各类金融活动）。这两种模式强调的重点差异很大，在金融人才培养过程中很难将其融合起来。多年来，国内高校金融未能根据我国金融行业的实际和金融市场的具体情况来进行金融学科定位和金融人才培养，导致培养出来的金融从业者知识面狭窄，缺乏风险监控能力和应变能力。

（二）金融专业课程的设置缺乏贯通性和合理性

由于对西方金融理论和我国金融发展实际、描述型的传统金融和分析型的现代金融、金融理论基础和金融事务操作等问题的模糊性，在金融专业人才培养的课程设置中，也存在课程设置混乱的情况，既包括"中央银行学""商业银行经营管理""投资学"等适应中国金融改革发展的课程，又涵盖从西方引进的"金融工程学""货币金融学""金融经济学""行为金融学""固定收益证券""时间序列分析"等实用性课程。此外，由于金融市场发展的需要，国内各高校陆续推出金融实务训练，主要有模拟银行、沙盘训练等。这三部分课程内容较多，不仅相互之间有重复部分且热点问题反复重复，非热点问题却无人问津，既脱离中国金融改革发展的实践，又与世界金融业日新月异的实际形势不相适应。学生难以形成较为完整、系统的金融知识结构。

（三）金融英语教育严重滞后

金融行业是一种世界性的、普遍性的行业，随着网络的普及及其国际化进一步增强，对金融专业英语的要求也越来越高。但是在实际的教学过程中，不少国内高校要么不重视金融英语教育，要么教材陈旧、内容枯燥，导致学生兴趣缺失，不仅无法阅读国外金融类原版教材，深入理解西方金融理论，而且对基本的金融英语专业术语也缺乏了解。这样培养出来的金融人才根本不可能将中国金融业的发展与世界接轨，无法在各类世界学术论坛和国际顶级期刊上发出自己的声音，更无法以国际化的姿态投身世界金融业的运行和发展，这是我国金融行业的发展与世界金融业的距离越拉越大的重要原因。

（四）学生在学习过程中普遍存在重实务、轻理论的倾向

国内金融高等教育经过30多年的发展，已经由纯粹引进西方金融理论发展到重视结合我国金融市场发展的具体情况进行金融实务教育。不少高校在实际的教学中盲目增加实践教学、模拟银行实训业务、沙盘模拟训练、校企合作实习基

地等内容，在控制学分的情况下，削减基础理论知识课程。事实证明，这种模式培养出来的金融人才由于实践动手能力强、金融实务操作技能娴熟、能够很快适应金融工作岗位的需要等优势，很受市场欢迎。然而，从长远来看，这类金融人才缺乏扎实的理论基础，缺乏发展的后劲，在实际的市场运行中，缺乏对宏观环境动态变化的预测和评价，无法对市场风险进行有效的预估。始于 2007 年的美国次贷危机后来演变为全球性的金融危机就证明了这一点。

（五）科研与教学相脱节

近年来，我国高校金融学科的科研水平较之以前有了较大提高，具体表现为很多金融专业教师屡屡承担一些重大研究课题，并且在国际、国内顶级期刊上发表影响较大的文章、出版较为系统全面的专著等。但是在教学中，教材内容陈旧无变化、教学方法老套无新意、考试方式多年如一无革新，主要原因在于：一方面，科研在考核和职称评审中占据越来越大的比重，教师不得不投入更多的精力和时间从事科研，从事教学的时间和精力相对减少；另一方面，高校对教学的重视程度不断降低，导致教师不关注教学改革，随波逐流，敷衍了事。科研与教学脱节的情况已经成为金融教育中影响教学效果的关键因素，引起了广大学者和一线工作者的关注。

（六）金融道德教育缺失

在今天的市场经济条件下，任何一个国家经济的发展，都离不开道德的支撑。金融行业作为与货币、金钱等字眼紧密联系的行业，更需要从业者坚守道德，诚实守信，树立起信得过、靠得住的形象，养成严谨的工作作风，才能顺利有效地从事金融工作。但是现实的情况是，我国高校金融专业的课程设置中极少涉及金融道德教育的内容。在实际的教学过程中，教师也缺乏有意识地灌输和引导，导致金融人才培养中道德教育的内容几乎缺失。这种情况直接导致大多数金融从业者在工作运行中缺乏对规则的维护。实际上，金融业的产生源于社会对信用和道德的需求，金融行业对道德的需求较之其他行业更加迫切。全球性金融危机的爆发和金融市场风险问题的屡屡发生就深刻地说明了这一点。

四、构建大数据时代金融人才培养模式

大数据时代的来临，促使信息化金融飞速发展，特别是在金融支付、金融信

息处理、金融资源配置方面，传统金融体系、原有业务经营模式和人才培养理念都将不可避免地发生改变，也对金融人才的培养提出了更高的要求。为应对大数据时代信息技术对金融业的冲击，我国金融高等教育必须转变理念，适应大数据时代数据量大、数据种类繁多、数据价值密度大、数据价值更新速度快、时效高等特点，建立新的培养目标，合理设置专业课程，推进教学改革和考试改革，强化教学和科研相结合，加强金融道德教育。

（一）转变理念，确立新的金融人才培养目标

西方现代金融理论的发展逻辑是从理论描述到模型分析的演变过程，也是从宏观金融政策研究到微观金融市场实际问题分析的逐步转化，其发展过程揭示了金融教育和金融研究发展的一般历程。我国金融高等教育的发展是西方金融理论发展的一个"缩影"，在不同的发展阶段其侧重点有所不同。总结改革开放30多年来金融高等教育发展的经验和世界性金融危机带来的惨痛教训，我们应该强化对金融基础理论的学习，促进描述型传统金融与分析型现代金融的有机结合，前者强调关注宏观理论问题或政策问题，即"经济学院模式"，后者注重金融领域的实践问题或微观问题，惯于利用各种模型来分析金融市场中的各种问题，即"商学院模式"。在大数据来袭的时代，纯粹关注宏观或微观问题均不能有效地解决金融发展中存在的问题，因此，金融高等教育必须转变观念，促成两者的有机、合理融合，对人才培养的目标进行合理定位。

（二）合理设置金融专业课程

课程设置是人才培养的核心环节，也是人才培养的重要载体。目前我国金融专业的课程设置呈现出数量庞杂、内容重复、理论与实训课程不成比例、热点反复讲授、非热点无人问津、课程讲授随意性强等特点。大数据时代的特点要求课程设置的结构性、内容时效性等方面有新的突破。

1. 课程设置的结构性。以培养学生专业应用能力、信息应用能力、问题解决能力、岗位（社会）适应能力为核心，将金融人才培养的课程分为四个部分：公共基础课、学科基础课、专业课、实践教学科，确保基础理论知识和实务知识的合理搭配，其中每一类课程又分为必修课和选修课两部分，为学生自主发展提供良好的平台。与此同时，在大三或大四期间可开设研究型课程或热点问题分析，确保学生在具备一定专业知识的基础上，能够深入理解并运用知识。另外，继续深入推进高校与行业、企业的联合教学，充分发挥各方优势，形成相互促

进、相互启发的有效运行机制。

2. 增加金融专业英语课程。金融专业英语作为一种工具性课程，为学生了解西方现代金融基础理论、国外金融市场运行规则和规范以及信息化金融的演变和发展提供了有效的途径。目前，国内高校金融专业课程设置中专业英语课程所占比重较小，部分院校甚至没有开设这门课程，即使是开设该课程的院校，也并没有将其提升到重要的地位。随着大数据时代的入侵，各类信息纷至沓来，金融国际化程度进一步提高，金融专业英语的工具性作用更加凸显。因此，必须在金融人才培养的课程设置中增加金融专业英语课程的设置，努力提高学生对金融专业知识的了解和运用。

3. 课程内容的时效性。金融行业与实际问题息息相关，而非一成不变或历久弥新，因此金融专业课程的设置也应该在时时汲取金融发展实践的前提下，不断加入新的内容，对基础金融理论知识进行修正或调整。比如：金融热点分析，有些院校的教师对同一个金融热点能重复讲授 10 年而无变化，事实上，金融实践千变万化，绝不可能数十年如一日，这样只能误导学生对金融热点和金融市场现状的理解。因此必须及时关注金融市场和实践的变化，唯有如此，才能确保学生在学习过程中能够获取与时俱进的知识体系，而非与金融市场运行实际相差甚远的陈腐知识，才能不断提升学生对金融行业和金融市场实际问题的分析能力和解决能力。

（三）推进教学改革与考试改革

教学和考试是人才培养的有力抓手，在金融人才培养过程中，应该注重以激发学生学习兴趣为核心的教学方式和以考查学生应用能力为核心的考试方式的改革，真正确保学生掌握知识，并且能够运用知识。

1. 透视金融课堂，创建高效能教学模式。课堂是教师传授知识的有效场所，成功的教师，能够观察、领悟千变万化的复杂课堂行为，并作出及时的应对。对于金融教师而言，应要做到：关注学生对理论知识的理解、关注学生实训技能的操作、关注学生对实践问题的解读，保证在课堂上有效地解决这些问题，并且能够在众多繁杂的问题中建立完整的知识体系。除了灵活运用常规的讲授方式外，还可以使用分层教学、同伴互动、团队合作完成教学任务等方式，推进学生对金融知识的理解和运用，从而创建高效能的教学模式。

2. 考查应用能力，改革课程考试方式。考试不是目的，而是一种手段。金融课程的考试只是为了考查学生对知识的掌握情况，目前不少院校的考试呈现出试卷内容多年不变、偏重识记内容等问题，不仅不能有效地考查学生对金融知识的掌握和运用情况，而且使学生误以为金融行业是一种无需动脑的行业，只要把书中内容背会即可。实际上，金融知识是应用性强、最具变化性的类型，因此在考试中必须注重对学生应用能力的考查，应该合理安排试卷的内容和不同类型内容的结构，使识记型内容、实际型内容、拓展型内容有机结合，全面考查学生学习情况，并及时反馈给学生，使其能够掌握自己的真实情况，不断进步。

（四）强化教学和科研相结合

科研和教学是教师专业发展的两个重要维度，缺一不可，不能偏颇。但是一个人的时间和精力有限，只有将教学和科研相结合，才能有效提升教师教学效果，同时促进其个人的专业发展。实际上，教学和科研密不可分，对于实用性强的金融专业而言，教师应该积极投身教学，将教学过程中对金融知识的解读和分析作为科研的素材，同时将科研中自己的新发现、新应用在课堂上与学生分析，使两者相互促进，相互替身。在大数据时代，金融信息更新速度日新月异，金融专业教师更应该将教学和科研紧密结合起来，这样才不会在庞杂、纷繁的信息中迷失方向，踏踏实实地选择适合自己的研究方向和研究内容。

（五）加强金融道德教育

道德教育始终是教育最根本的落脚点，在金融行业中尤其如此，主要是因为金融行业与货币、金钱等字眼密不可分，对从业者道德的要求和自我约束能力更甚于其他行业。因此，在金融人才培养过程中，不仅应该单独开设与金融道德教育相关的课程，将其作为一项重要内容来讲授，而且应该渗透于各门课程的讲授中，贯穿于第一、第二课堂的联动中，使学生时时刻刻以最基本的规范和准则要求自己，养成良好的金融道德习惯。尤其是在大数据时代，互联网金融、各种类型信息化金融的发展使金融安全成为不容忽视的重要问题，金融从业者的职业道德成为重中之重。故而，在高校金融教育中，应将金融道德教育作为核心内容来灌输给学生。

五、结语

大数据时代信息化金融的发展，不仅为金融业发展带来了契机，而且对金融人才的培养提出了挑战。国内各金融人才培养单位应该及时更新观念、清醒总结改革开放 30 多年来我国金融高等教育取得的经验和教训，准确研判大数据时代的特点和金融行业发展的趋势，充分认识当今时代对金融人才的素质需求，从而构建出适应时代发展，具有扎实基础理论知识、精准业务熟练技能，拥有较高道德水准，具有较强理解能力、数据资产管理能力、数据处理能力以及数据挖掘能力的金融人才培养模式，扎实推进金融人才培养建设，紧紧抓住大数据时代信息化金融发展的契机，取得长足发展和进步。

参考文献

［1］李东荣：《大数据时代的金融人才培养》，载《中国金融》，2013（12）。

［2］周辉：《从金融危机看金融人才培养模式的创新》，载《科技创业月刊》，2011（7）。

［3］刘锡良：《高等金融教育的回顾与思考》，载《中国金融》，2010（10）。

［4］谢太峰：《金融实践教学与应用创新型人才的培养》，载《哈尔滨金融学院学报》，2013（5）。

［5］张超、李梅：《现阶段高等院校金融教育的不足与改革建议》，载《经济视角》，2011（7）。

［6］韩京芳：《后金融危机时代金融教育模式的变革》，载《经济研究导刊》，2012（12）。

［7］邱兆祥：《建立与大国金融相适应的高等金融教育》，载《金融理论与实践》，2010（10）。

［8］许一帆：《金融国际化背景下高校金融人才培养模式探索》，载《教育理论与实践》，2013（27）。

［9］刁雯、易传礼、罗大强：《金融危机与我国金融教育的完善》，载《福建金融管理干部学院学报》，2010（1）。

［10］孙方娇：《科技与金融结合背景下金融教学改革与人才培养》，载《上海金融》，2013（8）。

［11］何伟：《论西方金融人才培养模式的特征及其启示》，载《现代商业》，2011（9）。

［12］黄萍：《浅谈如何深化高校金融学教学改革》，载《陕西教育》，2011（3）。

［13］危慧惠、朱新蓉：《全球金融危机与我国金融人才培养》，载《高等教育研究》，2011（1）。

［14］颜嘉川、王年咏、高云玲：《中国金融业的发展趋势及其人才培养指向》，载《中国农业银行武汉培训学院学报》，2014（1）。

［15］陈宪宇：《大数据时代金融行业受到的冲击和变革》，载《河北企业》，2014（1）。

［16］曾梦琴、王明宇：《互联网时代大数据的机遇和挑战探究》，载《电子商务》，2014（3）。

［17］邱兆祥：《建立与中国金融崛起相适应的高等金融教育》，载《西部金融》，2010（11）。

高校金融人才培养能力
提升的陀螺模型分析

河北科技大学研究生院 孙健 申萍

摘要：金融是现代经济的核心，是现代经济运行中最基本的战略资源。金融人才资源就是其中一个关键的活跃动力因素。高校金融人才培养能力是高校履行教育职能，为经济社会发展输送人力资源的主要支撑和载体，是表征高校金融人才培养状况的重要指标。陀螺理论是分析物体动态平衡发展问题的重要模型。本文尝试借助陀螺理论，分别从驱动力、机制结构环、人才培养能力轴、机会威胁平面等几个方面，试图建立高校金融人才培养能力提升的框架分析模型，研究高校金融人才培养能力提升的系统路径，深入分析高校金融人才培养能力提升机理，并在此基础上提出更好地推进高校金融人才培养的发展建议。

关键词：金融人才 陀螺模型 机制结构环 驱动力 人才培养能力轴

一、问题的提出

（一）陀螺理论概述

研究陀螺原理的分析模型称做陀螺模型，被应用于描述物体动态平衡发展问题。陀螺模型是一个由多因素、子系统组成的系统结构，可以形象地理解为包含"六个一"：一体、一力、一面、一环、一轴、一点。即组织生命体、目标驱动力、机会威胁平面、机制结构环、快速应变能力轴、着力点，具体如图1所示。

（1）组织生命体是指模型中用来作为研究对象的物体、组织体等。（2）目标驱动力是指维持组织生命体高速、长时间运转的外作用力。（3）机会威胁平面主要指组织生命体所面临的内外部环境，是决定组织生命体运转方向的客观依据。（4）机制结构环是组织生命体的横截面，是组织生命体的内部机制和功能

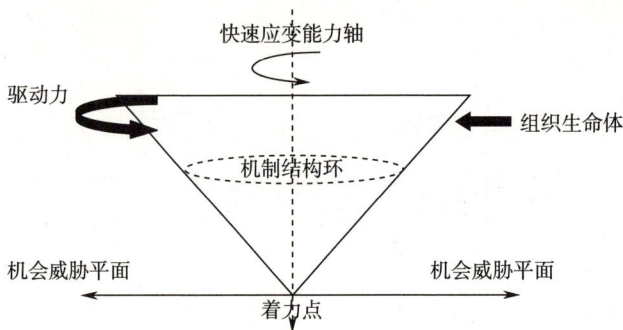

图1　陀螺模型

结构的载体。（5）快速应变能力轴是指组织生命体将所获信息分析后，自觉作出快速应变，对组织生命体本身实施调整、重组、优化的中心支撑轴。（6）着力点是指组织生命体与机会威胁平面接触的点，是快速应变能力轴作用于机会威胁平面的支撑点。

（二）研究高校金融人才培养能力的价值分析

1. 金融和金融业的内涵。金融是实现资金跨期配置的方式，其目的是为实体经济发展提供第一推动力和持续推动力。金融是指货币流通、信用活动以及与之相联系的经济活动的总称。广义的金融泛指包括金融机构、金融工具、金融市场等一切与货币信用相关的经济活动。金融的核心是跨时间、跨空间的价值交换。[①]

2. 金融人力资源及人才内涵概述。人力资源包括普通劳动力资源和人才资源两个层次。所谓人才资源，一般是指拥有丰富知识、多种技能和高素质的综合劳动主体，是人力资源中的较高层次。

根据《国家中长期人才发展规划纲要（2010—2020）》的总体要求，人民银行会同银监会、证监会、保监会共同制定了《金融人才中长期发展规划（2010—2020）》（银监发〔2011〕18 号，以下简称《规划》）。《规划》指出，"金融人才"是指具有一定的金融专业知识或专门技能，在金融领域进行创造性劳动并对金融发展作出贡献的人，是金融从业人员中能力素质较高的劳动者，是金融事业发展的第一资源。

《规划》指出，金融人才发展的战略目标是：到 2020 年，培养和造就一支

---

① 陈志武：《金融的逻辑》，2 页，北京，国际文化出版公司，2009。

数量充足、结构合理、素质优良、充满活力、具备国际竞争力的人才队伍，为增强我国金融实力和竞争力，维护国家金融安全奠定人才基础。主要包括人才资源总量稳步增长、人才结构进一步优化、人才素质大幅度提高、人才使用效能显著提高。具体如图2、图3、图4所示。

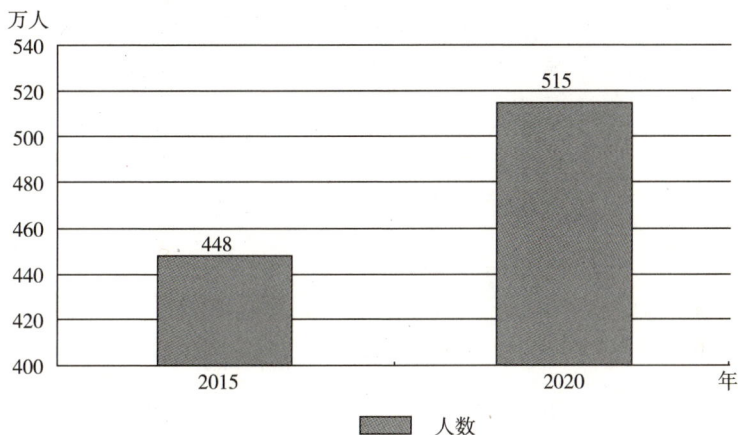

图2　金融人才资源总量增长目标

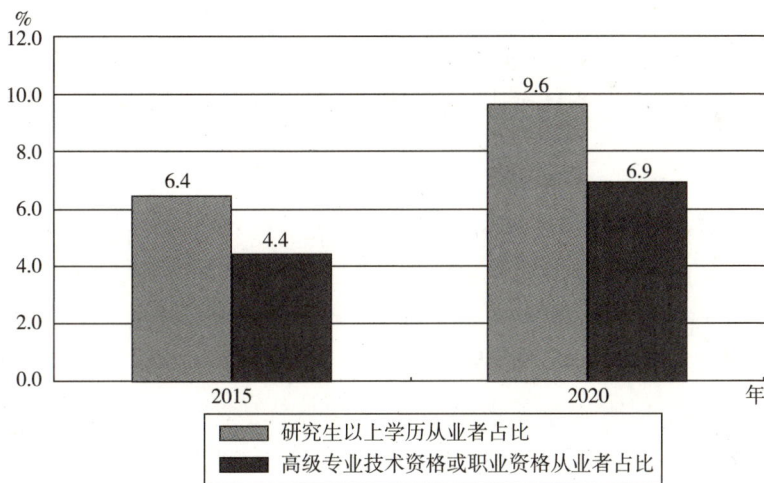

图3　金融人才素质提高目标

金融人才主要包括管理人才和技术人才。其中"管理人才"主要包括金融管理部门人才和金融企业经营管理人才。他们熟悉现代金融业务，具有世界眼光和战略思维，勇于改革创新，富于市场开拓精神和社会责任感，善于经营管理。

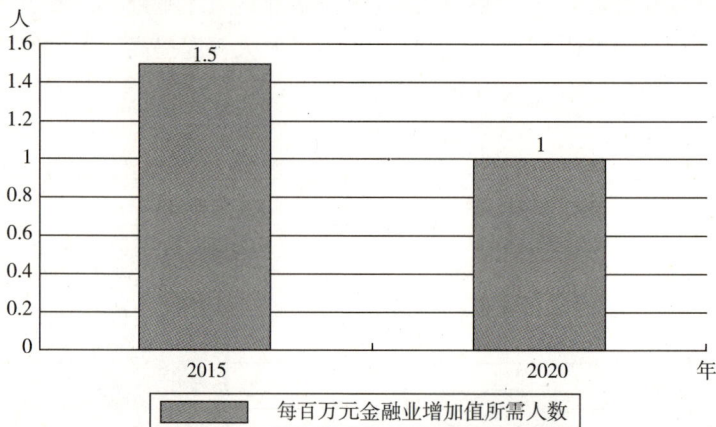

图4 金融人才使用效能提高目标

"技术人才"主要包括专业技术人才和高技能人才。产品开发、风险管理、财务管理的专业技术人才和从事信息系统建设、推广、维护及技术保障等中高级技师和工程师，以及从事金融产品营销、客户服务等基础业务操作人员等高技能人才。金融业是一个知识密集型行业，金融活动涉及社会再生产过程中的生产、交换、分配、消费各个领域，必须具有广博的复合知识结构，才能通过分析和研究繁杂的社会经济现象，抓住本质、把握核心。[①] 金融业的自身特点和发展实际要求金融人才应该是冷静缜密、知识广博、思维超前的，既具有丰厚的金融知识理论功底，又具备丰富的金融工作实践经验和技术。

3. 应用陀螺原理研究高校金融人才培养能力提升机理的价值。高校金融人才培养能力提升问题，既是一个系统问题，也是一个动态平衡发展问题，需要借助陀螺模型这样的分析工具给予深入研究。高校具有教育资源丰富、专业人才聚集等优势，承担着人才培养的重要使命。立足当前我国高校金融人才培养存在的问题和不足，研究高校金融人才培养能力提升路径是具有一定的研究价值和应用前景的。本文尝试借助陀螺模型，将高校金融人才培养能力提升问题看成一个由多要素组成的复杂结构系统。通过对系统的解析，研究高校金融人才培养能力提升的基本路径。

---

① 邱杰宏：《建设适应现代化金融的人才队伍》，载《中国商界》，2009（8）。

二、高校金融人才培养能力提升的陀螺模型分析

（一）高校金融人才培养能力陀螺模型的子系统要素分析

结合陀螺模型的分析原理，笔者在此将高校金融人才培养能力提升问题视为一个高速运转的"陀螺"，将其作为组织生命体来考察；将影响"陀螺"高速、长期、稳健运转的因素分别称为驱动力、机制结构环、人才培养能力轴、机会威胁平面四个主要部分。

1. 驱动力。驱动力是推动组织生命体持续运转的动力源。就高校金融人才培养问题而言，其驱动力应主要来源于精神动力方面，包括高校发展理念、高校校园文化等方面。精神动力学认为，所谓精神动力就是思想、理论、理想、信念、道德、情感、意志等精神因素对人从事的一切活动及社会发展产生的精神推动力量。[①] 精神动力对组织体的发展具有内在驱动、活力激发、潜能开发等价值。基于此，从精神动力学理论的角度分析，高校金融人才培养能力提升驱动力是以认知动力、情感动力、意志动力为主要组成的复杂系统结构。

（1）认知动力保障正确方向。认知是实践主体对于客观外界的主观反映、能动探索与理性把握，是对非价值事实关系的纯粹中性的反映活动。在此，主要指高校能够实事求是、客观理性地认识高校的办学宗旨和发展依托，能够充分认识到履行社会人才培养职责的必要性和重要性，自发地将承担人才培养职责视为原生责任和应尽义务。

（2）情感动力增加激情活力。情感是实践主体在社会实践过程中产生的对于某一客观事物的态度倾向，是同主体社会性需要相联系的主观体验与心理现象，是有一定主观偏好的反映活动。在此，主要指高校在人才培养过程中应怀揣着奉献社会、心系发展、关爱学子的情感。

（3）意志动力备添强劲动力。意志是实践主体有意识、有目的地调节和控制自己的思想行为，锐意进取、攻坚克难，向着既定目标积极前行的一种执着心态和自我克制、坚定信心以及顽强奋进的精神状态。在此，主要体现为高校在人才培养过程中需要保持的良好精神状态和意念，即持之以恒的恒心、力争一流的

---

① 骆郁廷：《精神动力论》，武汉，武汉大学出版社，2003。

决心和精益求精的专心。综上，高校金融人才培养能力提升驱动力结构如图5所示。

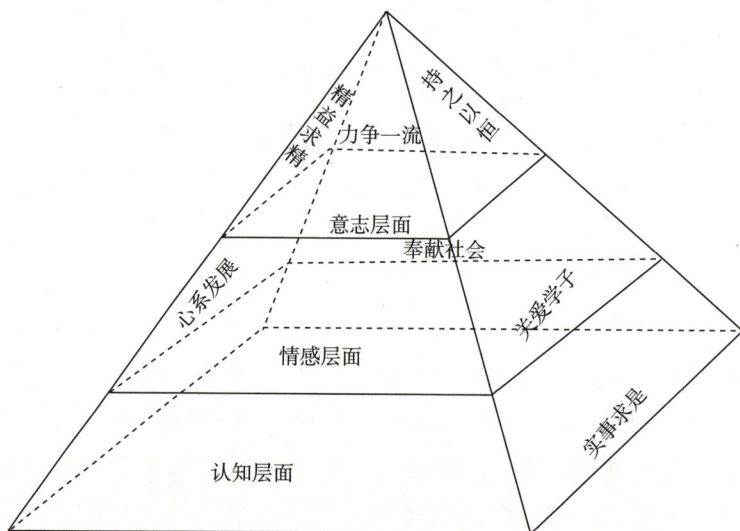

图5　高校金融人才培养能力提升驱动力

2. 机制结构环。机制结构环主要是指高校在金融人才培养过程中的内部流转机制和流程控制。高校金融人才培养问题本身也是一项实践活动，包含培养主体、培养客体、培养介体。其中，培养主体包含高校自身，培养客体是各类金融人才及其人格素养、知识智能结构等，培养介体是包括培养方法、培养手段等在内的中介桥梁和实现工具。培养目标反映着人才培养实践活动所要达到的目的和发展的方向。培养原则则是贯彻落实培养目标，指导人才培养实践活动应该遵循的基本准则。培养管理主要是指对人才培养实践活动开展的计划实施、组织协调、控制监督等。管理效果通过培养绩效来反映。培养绩效是运用科学评价方法和工具，对人才培养实践活动的各构成要素进行全面检验考量和测评，其绩效考核结果进而反馈至培养目标，通盘评判整个人才培养实践活动的预期目标是否实现、实现程度如何等，最终为整个高校金融人才培养体系的再循环运行提供参考借鉴和有益指导。

机制结构环的形成是高校在精神动力的带动和驱动下，面对内外部环境形成的"机会"与"威胁"，为更好地开展人才培养活动而主动进行的内部运行机制的调控行为。通过图示不难发现（见图6），机制结构环就好比高校人才培养能力提升这个大的系统的缩影和内核化，也是一个层次清晰、结构分明的立体动态模型。这一立体模型既包含从培养主体通过培养介体到培养客体的,从左到右的横向运转,也包含从培养目标到培养原则,再到培养过程(培养主体、培养介体、培养客体三者之间的交互作用过程),再到培养管理,最后到培养绩效评价的,自上而下、自下而上、彼此关联影响的纵向运转。"一横一纵"的交互运转形成了一个组织生命体内部循环的立体"陀螺模型"。

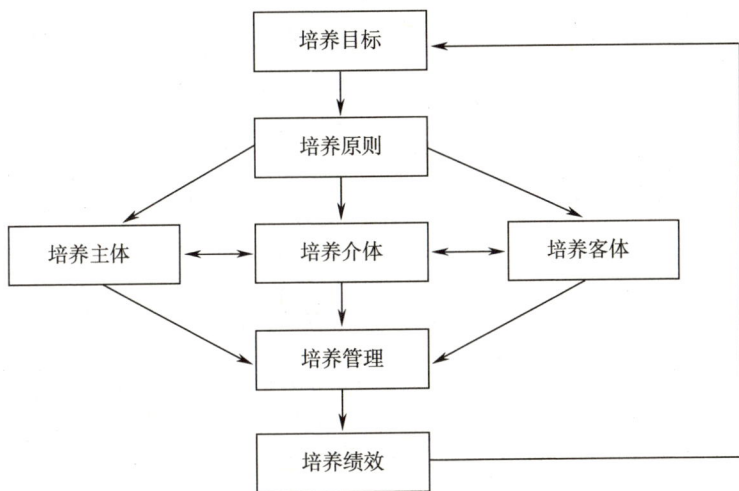

图6 高校金融人才培养机制结构环

3. 人才培养能力轴。高校金融人才培养能力是一种综合能力体系。笔者认为,其主要包括内生基础层、实践操作层、创新提升层三个层次。其中内生基础层主要指高校进行人才培养所需具备的基本能力,包括认知判断能力、科研教学能力、沟通协调能力等的总和。实践操作层主要指在高校在人才培养过程中需要发挥使用的目标科学谋划、战略有效实施、流程有序管理、绩效科学评价等多方面能力的总和。创新提升层主要是指如何更好、更优地进行金融人才培养所需要的制度创新能力、管理创新能力、技术创新能力的总和。具体如图7所示。

4. 机会威胁平面。高校人才培养环境包括高校内部环境和高校外部环境。SWOT分析是一种重要的内外部结合的分析方法,也是一个有效地进行战略制定的工具。SWOT是优势(Strengths)、劣势(Weaknesses)、机会(Opportunities)和威胁(Threats)英文单词首字母缩写词。一般而言,优势和劣势从属于高校自身,而机会和威胁则更可能来自外部环境。SWOT分析有四种不同类型的组合:优势——机会(SO)组合、弱点——机会(WO)组合、优势——威胁(ST)组合和弱点——威胁(WT)组合。具体如图8所示。

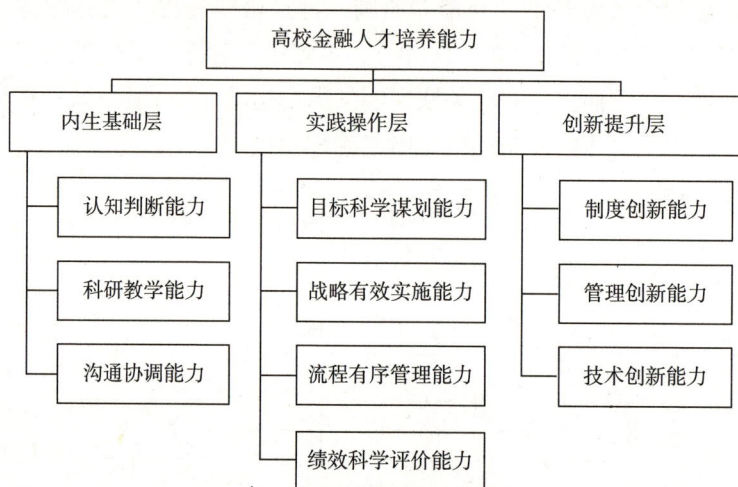

图7　高校金融人才培养能力轴

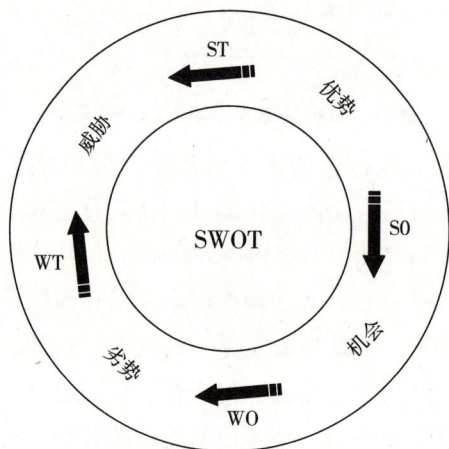

图8　高校人才培养内外部环境的 SWOT 分析

（二）高校金融人才培养能力提升系统的陀螺模型分析

根据对上述各子系统要素的分析，形成了高校金融人才培养能力提升的陀螺模型系统（见图9）。

高校金融人才培养能力的提升系统就好比一只高速旋转的"陀螺"，面对高

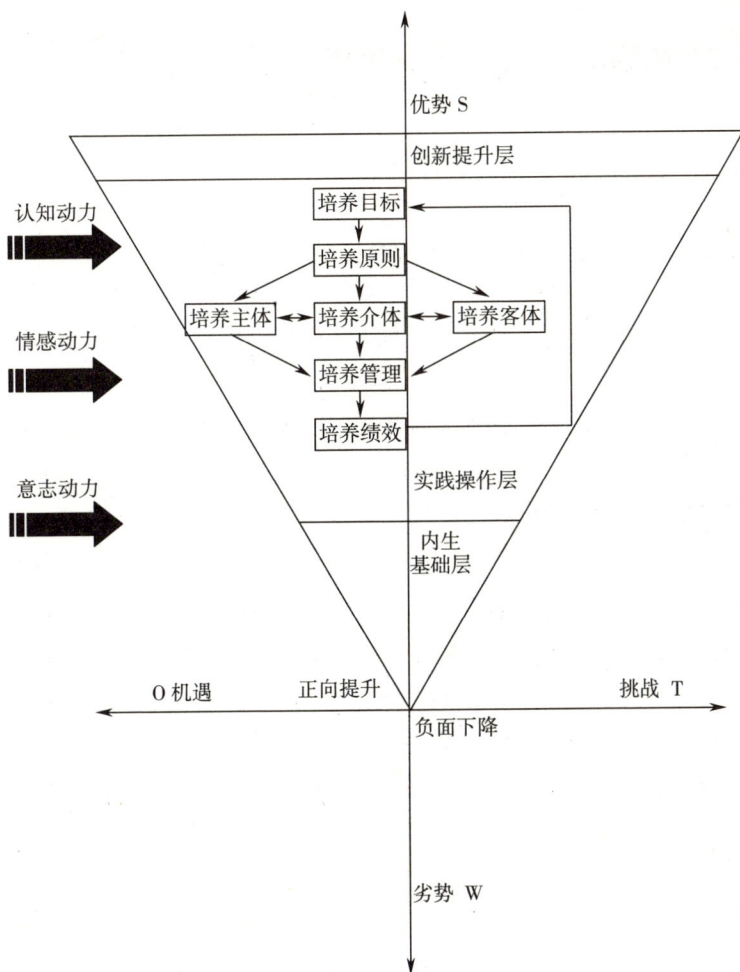

图9 高校金融人才培养能力提升的陀螺模型系统

校内外部环境，即高校内部的优势与劣势以及高校外部的机会与威胁，相应采取四种战略模式（ST：利用自身优势，减轻外部威胁；SO：利用外部机会，发展内部优势；WT：回避外部威胁，减轻内部弱点；WO：利用外部机会，弥补内部弱点），在认知动力、情感动力、意志动力的三力协同驱动下，以蕴含内生基础层、实践操作层、创新提升层在内的人才培养能力轴为旋转支撑轴，对内部机制进行优化重组，外循环与内循环并驾齐驱，带动高校金融人才培养能力陀螺保持动态平衡和持续、高效运转。

三、陀螺模型分析结论及发展建议

（一）重视价值引导，加大精神驱动

高校作为重要的社会组织体，正确、良好的高校教育理念和人文精神是保障其沿着正常、稳健轨道运行的重要推动力量。因此，高校金融人才培养能力提升的驱动要素主要是重视价值引导，加大精神驱动。精神动力是精神需求引发的对行为的驱动力量，而精神需求往往是超越物质、利润之外的东西。在此意义上，就是高校在内生基础层面要坚持实事求是的认知态度。从这种认知角度出发，就会使高校自发地将承担人才培养视为原生责任和应尽义务，进而上升到情感动力层面，发自内心地本着奉献社会、关爱学子和心系发展的基本框架，去开展教育活动。当遇到困难和发展瓶颈时，能够以攻坚克难的坚定意志和勇气直面外环境的挑战和内环境的劣势，以持之以恒的恒心、力争一流的决心和精益求精的专心实现预期教育目标，勇于并善于承担人才培养责任。强化认知动力、情感动力、意志动力的协同作用，需要高校整体推进、共同承担。让三种动力本能地内化于高校每一个人，而且根据内外环境的变化，对动力发动的程度、节奏要合理把握，对动力驱动的效果应客观检验和梳理评价，不断增强驱动力发动的灵活性、实效性和适当性。

（二）强化内部管理，优化系统机制

高校在金融人才培养过程中面对外部环境变化带来的机遇和挑战，要对自身内部结构进行对应的合理调试，首先是明确金融人才培养的目标。目标明确，方向才不会错，才不会导致南辕北辙。"大学之道，在明明德，在亲民，在止于至善。"高校在金融人才培养方面的目标的设定就是一个不断追求"真、善、美"的过程。目标确定好后，要合理设定人才培养的具体原则。高校作为人才培养主体，按照设定的人才培养目标和原则，通过不同的资源、工具、手段、制度等，对人才培养客体施加作用和影响，推动人才培养实践活动的有序开展；同时做好人才培养实践活动的监督管理和流程控制，针对人才培养主体是否尽责、人才培养介体是否合适等认真加以考量，在此基础上借助科学的绩效评价体系，对金融人才培养实践活动予以正确评估，并反馈至人才培养目标，进行适度调试和优化。整个内部机制优化、整合的过程要保持动态平衡，与高校金融人才培养能力提升的大系统保持呼应和协同。

（三）整合各类资源，提升培养能力

能力可以理解为是建立在各类资源基础上的具有一定功能、可以实现高校人才培养预期目标的动态系统。应该将高校金融人才培养能力理解为一种动态系统能力。面对内外部环境发生的变化，以及出现的机遇与挑战，需要不断更新、整合、优化、重组能力体系以适应环境变化。

一是要夯实内生基础能力。所谓内生基础能力就是组织生命体先天具有的基本能力指标，包括认知判断能力、科研教学能力、沟通协调能力等。正确的认知判断是其他能力的基础，能够认清高校的教育、生存本质和高校履行人才培养责任的必然性，能够对外界环境的变化及时跟踪、有效掌握，作出正确的战略分析判断，为进行下一步的应对做好必要的准备。在认知判断的基础上要提高科研教学能力水平。科研教学工作是高校的主要工作内容，是开展人才培养活动的关键组成部分，这就要求高校上下形成浓厚的学习研究氛围，具备高度的科研教学能力，做到科研教学讲创新、讲实效、讲贡献，保持科研教学水平提高的持久性、延伸性，及时将科研教学成果转化成现实的工作推动力；还要求在做好科研教学的基础上形成良好的沟通协调能力，善于将高校良好的教育理念和校园文化等正面、积极的信息通过适当的平台和方法对外传播。

二是锤炼实践操作能力。包括目标科学谋划、战略有效实施、流程有序管理、绩效科学评价等多方面能力。实践操作能力的锻炼过程主要体现在高校人才培养陀螺模型的内部机制结构环之中。实践锻炼是一个历久弥新的过程，实践操作能力是整个高校金融人才培养能力体系的关键和主体，起着承上启下、连接前后、贯穿始终的重要作用。

三是拔高创新提升能力。包括拔高制度创新能力、管理创新能力、技术创新能力。制度创新为管理创新提供动力机制，管理创新是技术创新的实现基础和内在保障，技术创新是管理创新的途径之一。三种创新能力有机结合，共同发展，以制度创新为外在保证，以管理创新为内在保障，以技术创新为基本手段，才能推动高校人才培养能力不断实现创新提升，永葆新鲜活力和旺盛生命力。

（四）把握内外环境，力促化危为机

充分借助于 SWOT 战略分析框架，科学评估高校在人才培养过程中面临的优势和劣势、存在的机遇和挑战，为人才培养战略的制定提供参考。

一是正确认识环境的内涵。有观点指出，环境的本质就是机会和威胁的综合，环境变化的本质则是机会和威胁的自我强化或相互转化。高校面临的环境应该是内外环境的总和。

二是根据不同的条件、不同的发展阶段和情境，采取不同的发展战略。S－O战略组合是需要敏锐地捕捉机遇，把握时机利用外部机遇发展内部优势，以杠杆效应使机遇与优势充分结合并发挥出来。S－T战略组合是利用自身优势，减轻外部挑战。W－O战略组合是利用外部机遇，弥补内部弱点。在这种情形下，高校就需要提供和追加资源，积极促进内部劣势向优势转化，以迎合或适应外部机遇。W－T战略组合是回避外部挑战，减轻内部弱点。这种情形是高校内部劣势与外部挑战同时出现，高校面临着严峻的挑战，问题处理不当，可能直接影响教育质量乃至高校的生存和发展。对此，具有强大教育资源的高校可适当采取SO、ST战略，教育资源相对较弱的高校可适当采取WO战略。而且，在战略的分析过程中，要根据环境本质和变化趋势，立足高校自身发展实际，既要区分清楚什么是真正的机遇，机遇就在身边还是遥远的不可触及，能不能把握住转瞬即逝的机遇；也要认清哪些是巨大的挑战，哪些是可以忽略不计的挑战，找准挑战的重点，做到不被表面现象所迷惑，使高校组织生命体尽可能地在优势区域、和谐环境中高速运转，最大程度地实现人才培养实践活动的全面、科学、有效、持续。

参考文献

［1］邱杰宏：《建设适应现代化金融的人才队伍》，载《中国商界》，2009（8）。

［2］骆郁廷：《精神动力论》，武汉，武汉大学出版社，2003。

浅析信息时代的金融文化与金融教育

厦门大学嘉庚学院　　金能斗

摘要：本文首先通过阐述信息时代对金融的深远影响，表明信息时代经济重心转向第三产业是由经济规律决定的。同时运用文献资料法、图表分析法等方法，提出信息时代下金融文化、金融教育的内涵，以及信息时代下强化金融教育和金融文化二者结合的必要性，并通过借鉴国外金融教育的经验，提出国内提升金融专业教育质量，培养高素养金融人才的相关意见。

关键词：信息时代　金融文化　金融教育

一、信息时代对金融的深远影响

（一）信息时代经济重心转移与金融

人类社会的经济和文化生活是随着社会生产力和科学技术的不断进步而发展前进的。在 19、20 世纪，科学技术和生产力相继跨越了蒸汽机时代、电气时代、原子时代后，进入 21 世纪则步入了互联网信息时代。

自 1946 年 2 月，由美国宾夕法尼亚大学研发，世界上诞生了第一代可以编程的电子数字积分计算机以来，1983 年美国总统里根在第一任期间内推行"星球大战（战略防御倡议、SDI）"计划，1993 年美国总统克林顿执政期间内推行《国家基础设施行动计划（NII）》（信息高速公路计划），又于 1997 年 7 月颁布《全球电子商务框架》，使电子计算机和数字网络信息技术出现了迅猛发展的势头。该《框架》中提出"以民间部门为主导，推动互联网电子商务全球化"的五项原则，使得互联网逐步融入生产和消费之中，新技术和生产组织形式使生产、流通、消费运行不断加快，促进经济快速增长。1999 年的《新兴的数字经济Ⅱ》报告显示，在电子商务交易、IT 产业以惊人的速度发展的同时，也使生产、消费、通信、娱乐的方式发生了翻天覆地的变化，1995—1998 年 IT 产业为经济增长的实际贡献度达到 35% 左右。随后在长达 11 年之久，直至 2001 年第三季度 GDP 才出现过一次负增长，创造了"90 年代持续经济繁荣的奇迹"。

在此期间，其他一些国家也相继开启信息化进程。比如，英国自 1996 年 2 月政府发表《信息社会倡议》开始，先后有 1998 年 12 月《未来竞争：构筑知识集约型经济白皮书》、1999 年 Best eCommerce UK、2000 年 9 月英国在线网站（UK Online）等围绕着 IT 政策为核心的战略计划相继推出，均以实现市场现代化、提高公民能力、企业活化性、政府电子化以及提供具有世界水平的服务为目的。日本在继 2000 年 11 月颁布《高度信息通信网络社会形成基本法》后，2001 年 1 月政府内阁设置高度信息通信网络社会促进战略本部（IT 战略本部）、2001 年 1 月公布以 5 年内成为世界最先进 IT 国家为目标的"e – Japan"战略（第一阶段至 2005 年末，基本实现整备 IT 基础，建立电子商务交易、电子政府相关制度。第二阶段 2003 年以灵活运用 IT 为基础建立"活力、安全、感动、便利的社会"为基本理念的"e – JapanⅡ"战略）。同年 5 月颁布（2005 年 4 月实施）《个人信息保护法》。2006 年 1 月，推行以使 IT 实现"任何时候、任何地方、任何人"，即在社会生活中各个方面都能切实感受到其普遍存在为目标的"IT 新改革战略"，以及 2009 年以人为本，重视应用数字化技术，实现以国民为主角的"安心、活力的数字化社会"为目标的"i – Japan2015"战略，等等。

随着 IT 革命的深化，电子商务（B – to – C）、电子金融交易在内的面向消费者的各类服务趋于成熟的同时，也影响着经济需求面的变化，表明信息时代经济重心转向第三产业是由经济规律决定的。美国前美联储主席格林斯潘曾说，"IT 革命是百年不遇的一次革命"。特别是金融业受到的影响尤为深远，凸显了现代金融的性质（见图 1、图 2）。

（二）信息时代下的金融信息化

20 世纪七八十年代，正值英美金融制度实施大变革（BIG BANG、"金融大爆炸"），即推行储蓄利率自由化、金融自由化的时候，以"金融大爆炸"改革为开端，将金融与 IT 革命有机地融合，催生了金融 IT 革命。网络银行、电子商务（网上营业厅、网上超市）、互联网金融等电子决算手段、金融派生商品相继出现，使包括制定政策、技术分析、监督管理风险、决算业务、服务等金融领域的各个方面相比传统金融运营的对象、范围、手段均发生了巨大的变革。这一变革，一方面，使融资渠道得以拓宽，交易成本降低，信用市场、金融信用快速发展；另一方面，超越与传统金融服务间的鸿沟，打造"虚拟综合金融商城"。

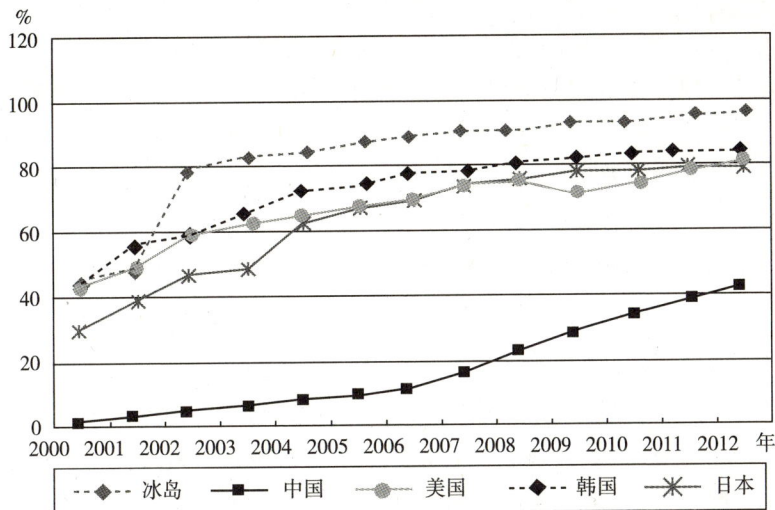

资料来源：世界经济 ecodb. net、OECD：Economic Outlook。

图1　主要国家互联网普及率（2000—2012 年）

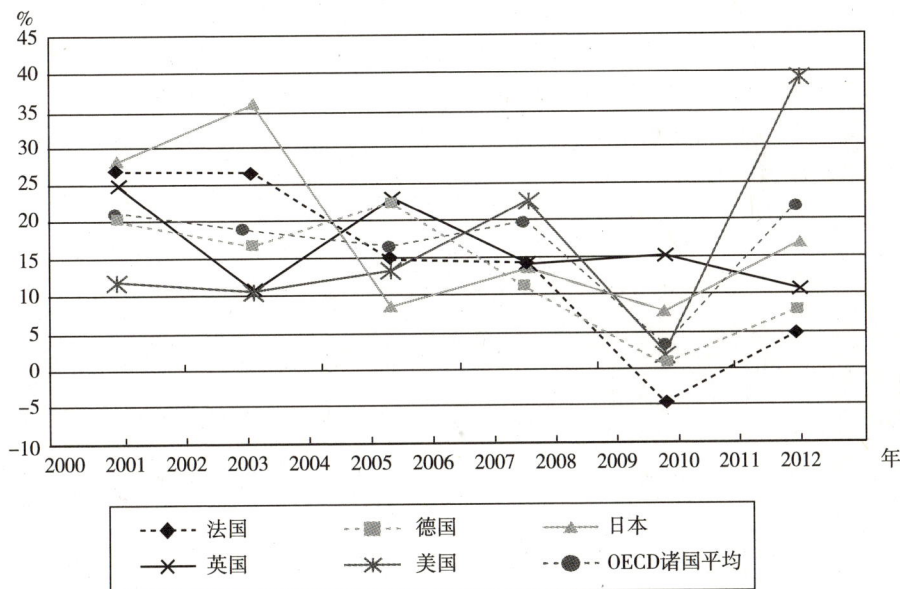

图2　主要国家劳动生产增长率变动趋势

（三）信息时代下的金融虚拟化

在信息时代下经济发展中，金融也不断在创新中得到发展。一般来说，金融创新是在金融体系和金融市场上出现的一系列新事物，包括新的金融工具、新的融资方式、新的金融市场、新的支付清算手段、新的金融组织机构与管理方法、新的金融服务，等等。在金融改革深化中，金融交易的商品——货币被创新为信用形态时，金融衍生产品已经成为一种信用形态的货币，金融创新的实质是信用创新。

信息化、虚拟化的金融市场上最重要的金融创新就是进入了金融资产证券化的一个新阶段。融通资金的手段、方式从传统的通过金融中介机构融通资金行为（间接融资）转向通过发行票据、首次公开募股（IPO）、风险投资、债券融通资金行为（直接融资）。就某种意义而言，IT革命带来了企业融资革命。

但是，也应该注意到，在经济繁荣时期的良性循环下形成技术与金融的乘数效应的同时，伴随着经济的长期低迷时期，则引起连锁反应而使其陷入恶性循环。

二、信息时代下的金融文化

（一）金融文化的理论渊源

"文化"一词由"文"和"化"两个字组成。"文"有文字、文明以及礼节仪制等多种含义。"化"是变化、转换，就是转变为缀加在"化"字前面的名词的某种性质和状态。至于化到什么程度上才算"化"，毛泽东说，要彻头彻尾，彻里彻外才是"化"。

文化，一般可定义为，人类在改造客观和主观世界过程中所形成的全部能力和全部财富，是转变为文字、图像、语言、音律等，经过历史检验沉淀下来的物质财富和精神财富的总和。简言之，文化就是化之为文的人类创造的物质和精神的财富。在当今时代下，文化越来越成为民族凝聚力和创造力的重要源泉，文化作为"软实力"，越来越成为综合国力的重要因素，成为现代社会发展的一种重要驱动力。现代社会的生产力已是物质生产力与文化生产力的统一，社会可持续发展不仅仅局限于经济、环境、资源、人口等方面，还应包括文化层面，以实现社会政治、经济、文化与生态的协调发展。文化提升了经济和社会发展的层次，缺乏文化含量的经济活动和社会活动，是低质量、低效益的。文化是一个民族、一个系统、一个部门整体水平的标志，是一个民族、一个系统、一个部门兴旺发达必需的一种精神支柱。

（二）金融文化的内涵

金融文化属于社会文化的一个分支，也是行业文化中的一种，即金融行业的文化。

金融文化内涵的主要特征表现为金融实体发展形成的某种特定的精神理念和历史传统，以共同的价值标准、道德标准、金融精神、金融目标和文化信念为核心，最大限度地调动金融主体的积极性和潜在能力，将各种力量聚集于共同的指导思想和发展哲学下，齐心协力实现工作目标的一种文化总和。

金融已经从理论方面得到完整的科学总结。作为人文学科的金融已经具有完整的科学体系，包括金融学、金融经济学、货币学、金融市场学、金融工程学、金融史、金融学等几十个独立和交叉边缘学科。金融文化就是将上述学科重新认识、认知，整合成为一个文化必备的理念。从而，我们可以清楚地看到金融和金融文化是一个对立统一整体的两个方面，即"实"和"虚"这两个方面，两者相互依存，相互转化。形象地描述金融和金融文化的关系，即金融是实体，金融文化就像是一面镜子里照见的金融实体。但是，金融文化并不是单纯地、消极地为金融实体拍一张一成不变的照片。正因为金融和金融文化是金融界、金融主体的主观能动活动，它们从文化这一高度层面来更深刻地认清金融的过去、现在和未来的前途、方向、目标，运用文化的强大的力量，从金融发展战略的高度来推动金融不断发展创新。这是金融文化发挥作用的根源，也是我们高度重视建设金融文化的出发点和归宿。这就是金融和金融文化的实和虚的关系。金融文化具有真实性、实践性、前瞻性的特点。

（三）加强研究和全面建设信息时代的金融文化

目前，研究金融文化日益受到各方关注。然而，研究金融文化滞后于金融改革和发展的步伐是公认的事实。从金融与金融文化的相互关系看，后者持续进步和繁荣，乃是金融业不断发展和成功的重要因素。因此，加强研究金融文化是十分重要和必要的。当前，网络金融和网络金融文化极大地冲击着金融和金融文化，研究金融文化更具有迫切性。

研究金融文化必须从金融文化的概念、内涵、性质、特点开始，研究金融与金融文化的关系，金融文化的要素及其架构、层次，金融文化的发展战略，以及提升金融文化的软实力的策略，等等，并从实际出发不断创新。

研究金融文化的方法最根本的是马克思主义的认识论、辩证法，以及调查研究等其他多种多样的方法。同时运用获得的信息数据，构建出一整套指标和模型，包括文化力（生产力、影响力、驱动力）指数、理论创新指数、人才结构指数（数量、质量）等的完整的全国和地区金融文化发展指数体系模型。

关于金融，与之相关的人、事、物可谓复杂多端，与之密切相关的金融文化也是如此。有什么样的金融，就有什么样的金融文化。金融、金融文化尽管复杂多端，但也并非杂乱无章，如果将其分门别类，基本上构成全部金融、金融文化的是人、事、物三个层面，即精神层面、行为层面和物质层面。每一层面都包含了各自具体的文化内容，构成了全部的、完整的金融文化体系。在全面建设金融文化中，建设属于精神层面的核心金融文化则是重中之重。

三、信息时代下强化金融教育与金融文化二者结合

金融教育是教育文化中属于专门教育文化的一个组成部分。对于金融文化来说，金融教育是研究、传承、弘扬金融知识和文化，培养高素质金融人才，或者说是培育金融文化人的重要平台和手段。金融教育的各种学科涵盖了金融科学的各个方面，就其本质也就是金融文化的丰富内涵。金融教育和金融文化二者以金融实体为纽带，紧密结合，相辅相成，金融教育是金融文化的载体，金融文化是金融教育的灵魂和核心。

（一）信息化是推动金融文化和金融教育发展的动力

经济金融化是在信息技术推动下，金融发展创新达到的现代经济活动。这种现代经济活动中的金融完全区别于经济、金融历史上初始的可以追溯到公元前1800年的借贷行为和金融活动，以及近代的金融活动，区别于早期的借贷资本行为、传统的金融体系，等等。金融业日益展现其网络化、虚拟化的特征，这些都不是传统的金融经营理念、金融管理体制、金融运行机制能比拟的。

在经济金融化下，金融交易已经不是一般实体经济中的商品和劳务，而是在资本市场上货币与货币、证券的交易。这种交易在信息技术、网络技术支持下，交易的时间缩短为瞬间，交易的空间缩小为地球村，金融创新层出不穷、日新月异。因此，经济金融化的实质就是实现金融全球化和自由化。在经济金融化下，

对于实物商品交易来说，金融仍是提高实物交割效率的手段和机制，使一般的实物商品以外的商品可以在不同时间、不同空间之间进行配置、交易，结果是使实体经济交易变得活跃，更符合人们的需求，促使实现资源优化配置，使经济活动在"质"与"量"方面取得长足发展。

认知金融是随着实体经济发展需要而产生、发展的根本事实，十分重要。人类赖以生存和发展的仍然是水、粮食，是金钱所不能替代的。人类开始社会经济、金融活动，同时创造了经济、金融文化。经济、金融发展的不同时期、阶段，创造了不同时期、阶段的经济、金融文化。在现代市场经济下，信息技术、网络技术推动经济创新发展为金融化，经济金融化不仅传承了之前的经济、金融文化精粹，而且创造了新的经济、金融文化。毫无疑问，信息化也是推动金融文化、金融教育的动力。在信息时代，金融文化、金融教育完全融入信息社会，成为信息或网络金融文化，以及信息或网络金融教育。

（二）全民普及金融教育，培养金融、信用意识

1. 全民普及金融教育的必要性。随着金融市场化的不断发展，"金融素养"一词也开始频繁出现。金融素养之所以重要，原因在于，市场多元化的金融产品和服务为居民和家庭消费者提供更多的运用资金的渠道，作为居民和家庭消费者，或是投资者，在选取适合的金融交易时，需要具有一定的金融知识，获得信息，增强作为金融主体的判断能力。但是，从行为学角度来说，伴随着金融交易环境的变化，消费者在进行决策时往往受着复杂的信息处理、风险及不确定性、决策结果（将影响目前与未来的收益双方），以及通过决策期待未知的报酬等的判断上偏见（又称"行动的偏见"）的影响。同时，消费者往往会接受"示范效应"、"从众效应"、"势力效应"、"凡勃伦效应"及"棘轮效应"，导致"逆向选择"金融产品，结果是加大了正确判断交易的难度。因此，全民普及金融知识，加强金融信用教育，树立金融、信用意识，使之成为一种国民意识，对于提高国民素质，以及在金融活动中选择金融产品，规避金融风险，提高产品的透明度，其重要性和必要性是不言而喻的，并且全民普及金融教育将是一项长期的发展金融战略、金融教育的目标和任务。

金融教育的内容随着时代的变迁而各具特点。金融商品、金融服务的多元化、多样化为消费者提供更广泛的选择范围。为提升消费者的金融素养，涉及金融知识等方面的培养也越发不可或缺。

2. 借鉴国外金融教育的经验。2008年10月，美国发生次贷危机后，美国、

英国、日本等国金融当局都意识到对消费者，特别是年轻人开展金融教育很有必要。国际上，经济合作与发展组织（OECD）于 2008 年 5 月针对金融教育成立"国际网络金融教育"（INFE）。2012 年 4 月制定《针对金融教育国家战略高水平原则》，同年 6 月，在墨西哥 G20 沃斯卡洛斯峰会上该文件获得通过，金融教育步入新阶段。

在英国，撒切尔夫人执政期间，于 1986 年 11 月开始实施"金融大爆炸"改革的同时，于 1988 年制定了《教育改革法》，引进中央集权化与新自由主义市场经济原理并存的教育体系，并制定国定课程（National Curriculum），作为公立中小学教师的教学准则，为金融消费者教育准备了前期基础。在美国，从 20 世纪 90 年代开始，美国金融当局考虑到当时金融环境的复杂性，由联邦储备委员会、联邦储蓄保险公司等联邦政府机构、从事金融教育的非营利性组织 NPO、商业银行、民间企业、大学、投资银行、地方力量等联手互动，形成"官与民"、"民与民"基本架构，向消费者提供金融计划。2007 年，众议院通过立法，将每年 4 月规定为"金融普及日"（或称"金融扫盲日"）。2008 年，又以充实金融教育为目的，设置总统咨询委员会。

3. 国内金融教育现状。30 多年的改革开放，使中国金融业从不成熟逐步向成熟发展，面对这一巨大变化，发展金融教育使之成为经济及金融业发展的动力，已经摆上议事日程。

早在 1992 年，经中国人民银行批准，成立了中国金融教育发展基金会，意在为提高金融从业者素质和向民众普及金融知识以及相关的公益活动，以推动金融教育事业的发展。特别是进入 21 世纪、加入世界贸易组织以后，国内消费结构、产业结构等的转变，影响着消费者行为、竞争环境等因素的变化。为此，在对金融结构进行完善与优化的同时，针对普及金融教育及增强消费者的金融意识与素养等层面，先后在全国各地以"财智少年"为主题开展模拟金融活动，使其从中学习、了解金融知识，培养其金融、信用意识。

进入 2013 年，中国人民银行选择每年 9 月统一开展全国性的"金融知识普及月"活动。同年 8 月 29 日，中国人民银行与银监会、证监会、保监会共同研究制定《中国金融教育国家战略》，并已提交 G20，纳入其《针对推进金融教育国家战略高水平原则》（2012），使我国金融教育进入战略深化与法制驱动阶段。

综上所述，全民普及金融教育是一项长期的、艰巨的任务，完成这一任务仍需坚持不懈地努力，为此，还应建成相关的法制化体系，以量化的方式科学地评价金融教育的水平，并形成长效机制。

（三）提升金融专门教育质量，培养高素养金融人才

国内一般将金融教育分为专业教育（其中也包括金融从业者的继续教育）和普通教育。金融专门教育也就是多层次、阶段性的金融高等教育。多年来，随着高等教育的发展，金融高等教育也得到很大发展，向金融行业输送了大批人才。经济金融化推动金融行业迅猛发展，使培养金融人才出现相对滞后的现象。因此，提升金融专门教育质量，培养高素质金融人才是摆在我们面前的一项重大任务。能否实现这一目标，取决于是否从教和学两个方面努力实现《国家中长期教育改革和发展规划纲要（2010—2020年)》提出的任务和目标。

第一，树立"以人为本"的正确的教育理念是培养高素质金融人才的关键。教育理念是教育主体对于教育的理想、观念。以人为本的教育理念才是正确的教育理念。原因是教育需要人才；教育培养人才，用以人为本指导教育的各项实践活动，即抓住了实现金融高等教育目标的关键。

第二，"育德树人"是培养出高素养金融人才的头等大事，应当坚持"育人为本，德育为先"的方针。党的十八大指出，社会主义核心价值体系是兴国之魂，要深入开展社会主义核心价值体系学习教育。要以德育人，推动社会主义核心价值观入脑入心，自觉成为社会主义核心价值观的践行者。在全面提高道德素质的同时，要加强金融职业道德教育，树立照章办事、诚实守信的观念，以养成良好的职业操守。

第三，强化金融科学的基础建设，拓宽国际化视野，逐步实现与国际接轨和实行双语教学，并以之培养高素养、国际化的金融人才。

第四，加强金融职业能力教育，重视研究课题和实践，培养应用能力，树立金融创新意识、风险意识、安全意识，实现学以致用，学用一致，实现知识和能力的统一，使高素养的金融人才能适应经济和金融发展的需要。

金融高等教育一定要为经济金融化培养高素养的金融人才，满足总量和结构方面的需求，使我国的金融业在经济、金融全球化、自由化的现代化经济社会中获得竞争优势，为推动经济和金融发展，同时也为发展金融文化，培育金融文化人，提高金融素养、金融力作出贡献。

参考文献

[1] 朱旭光：《文化改革发展论：文化建设的冷热思考》，北京，中国广播

电视出版社，2012。

　　［2］陈志武：《金融的逻辑》，北京，国际文化出版公司，2009。

　　［3］范恒森：《金融制度学探索》，北京，中国金融出版社，2000。

　　［4］刘敏英：《我国金融文化建设浅析》，载《内蒙古金融研究》，2011（11），72～73页。

　　［5］西南财经大学中国金融研究中心：《2002金融年度报告报告》，2011。

　　［6］张鹏超：《以"人本金融"价值理念推动金融文化的创新》，载《浙江金融》，2011（05），8～80页。

　　［7］木村俊文：《金融教育现状与课题》，载《农林金融》，2006（04），9～47页。

　　［8］峰滝和典：《IT与生产性》，载《Economic Review》，2003（07），10～39页。

　　［9］罗华素、刘大钟、钟东林、卢衍星、唐茂祥：《金融文化概论》，载《江西社会科学》，1995（10），53～81页。

　　［10］Orley M. Amos, Jr and John R Wingender, "A Model of the Interaction between Regional Financial Markets and regional Growth", *Regional Science and Urban Economics*, 1993（23）: 85–110。

　　［11］日本金融厅：《金融经济教育研究会报告书》，http：//www. fsa. go. jp/news/24/sonota/20130430－5. html/2013. 04. 13。

　　［12］中国人民银行：《中国人民银行开展"金融知识普及月"活动》，http：//www. bc. gov. cn/publish/goutongjiaoliu/524/2013/20130827112746183725484/20130827112746183725484_ . html2013. 08. 27。

第三篇

金融研究生教育改革

"互联网金融"课程在高校研究生教学中的尝试及效果分析

——以中央财经大学研究生"互联网金融"课程为例

中央财经大学金融学院　李建军　迟香婷

摘要：近年来，随着信息技术的不断发展，新事物、新概念层出不穷。对于高等院校教育工作者而言，如何更合理、有效地将新鲜元素引入日常教学，是高校研究生教学中的重点内容。2013 年互联网金融的兴起为高校金融教育教学工作的探索提供了良好的契机。中央财经大学金融学院积极整合高校与业界的优质资源，全新打造国内首个"互联网金融"研究生课程，并取得了良好的反响，为此类教学模式的推广与应用作出了积极而有意义的尝试。

关键词：互联网金融　课程　研究生教学

自 2013 年以来，随着大数据、云计算等互联网信息技术与远程通信技术向金融行业的不断渗透，互联网金融的概念逐渐兴起并迅速传播，金融业务的去中介化、互联网化趋势，使得金融新业态在改变传统金融机构业务模式和行业发展格局的同时，也在改变着市场对于高端人才知识层次和素质水平的需求结构。

大学的人才培养目标，主要依照人才培养内在需求逻辑的顶层设计而形成，同时也要随着社会和时代的发展变化进行调整。当代新技术革命对创造性人才的培养提出了更高的要求，表现在：教学目标上具有明确的专业性，教学内容上具有一定的探索性，教与学的关系上学生学习具有相对独立性，教学形式上有更多的实践性等。

李东荣（2013）指出，主动应对大数据时代信息化金融带来的机遇与挑战，与时俱进、面向未来地推动金融教育和金融人才培养，是当前金融教育工作的重要课题；金融业与教育业应进一步做到转变观念、积极应对、应时而动、改革创新、加强合作、资源共享，共同为我国金融改革发展做好人才储备。秉承这样的理念，2014 年 3 月，中央财经大学金融学院应互联网金融兴起的良好契机，大力整合高校与业界的优质资源，面向 2013 级硕士研究生首度开发了"互联网金融"系列课程，在国内金融学专业高等教育教学领域进行了最早的探索与尝试。本文作为课程负责团队对课程实施情况及效果调查检验的研究报告，以期在未来为不断完善提高课程体系设计的合理性、调整更新课程内容和授课模式、结合互联网金融实验室的建设进一步开发实验教学、实践教学课程模式，以及日后其他类似新课程的开发提供借鉴和参考。

一、"互联网金融"在高校研究生培养中的开课现状

自 2013 年互联网金融这一新兴业态以铺天盖地之势席卷而来，业界和学界关于互联网金融业务模式及未来发展始终热议不断，争论不休。这也为高校金融专业研究生的教育教学提供了丰富的案例和素材。

目前在国内，包括中央财经大学金融学院在内，将互联网金融与营销作为案例教学融入金融学相关专业硕士研究生教学培养环节中的尝试已有一些，从中央财经大学金融学院实践的情况看，因聘请业内专家结合实际设计教学案例，并注重加强师生交流讨论，在学生中取得了良好的反响。还有部分高校，如清华大学、对外经济贸易大学等，或独立，或与企业合作，设立互联网金融实验室或研究平台，但并不主要致力于人才培养和课程建设。将互联网金融相关知识板块系统设计为一门专业课程的尝试，在国内外高校金融研究生教学中均较为缺乏。

实务类课程未来应以启发式教学、案例教学、多版本教案、情境式教学等方式，强调学生自主与师生交互的教学方法为主流趋势，但每一种教学方法都有它的优缺点和特定的适用条件，没有一种是普适性的，即教无定法（叶志明，2009）。因此，中央财经大学金融学院作为国内重要的金融学教学、科研单位，积极尝试将各界优质的教育教学资源有机整合，根据授课教师与教学内容的安排探索不同的教学方法，紧跟时代潮流、追踪互联网金融最新前沿动态，不断丰富金融人才培养课程体系，于 2014 年 3 月打造了专题讲座式课程"互联网金融"，在国内外高校金融专业研究生教学中作出了积极而有意义的尝试。

二、中央财经大学研究生"互联网金融"课程的实施

"互联网金融"作为中央财经大学金融学院 2013 级学术及专业硕士研究生的选修课程，已正式写入研究生培养方案。课程负责团队以此为依托，通过课程

体系设计、授课教师安排、课后跟踪调查等一系列环节，检验"互联网金融"这一创新前沿课程在高校研究生教学中的实际效果，探究将金融经济前沿热点元素融入高校金融类研究生教学培养的可行方法与路径。

（一）实施方案与教学模式

"互联网金融"课程共 36 个学时，以讲座形式，邀请校内专家及业界精英人士对互联网金融新业态的理论探讨、运作模式、法律监管、消费者权益保护及未来发展方向等进行专题讲授。

每次授课课程负责团队会从学生和教师两个层面进行效果检验，考察教师授课主题、内容安排、现代化教学手段利用、授课准备、现场掌控等；考察学生课堂出勤率、听课面貌、课堂活跃度、问题质量、非选课学生旁听情况等。本课程采用课堂笔记考核给分的方式，作为学生课程考核得分。除此之外，还可以通过对单个学生 8 次笔记以及不同教师授课笔记得分情况，进行纵向和横向均值方差分析，直观估计判断课程的授课效果。通过对授课教师课前、课后调查回访，从教学角度进行效果评价，并寻找未来可能改进的方面或方向。

（二）教学实施过程

课程学分为 2 学分，36 课时，其中讲座占 32 课时（8 场），学生自主实践学习占 4 课时。课程邀请罗明雄、黄震、易欢欢、董宝青等校内外知名人士，采取授课内容专题化、师资结构多样化、考核形式灵活化等几大创新模式，按照课程体系的内在逻辑设计安排讲座专题，根据课堂笔记质量进行考核，最大程度地调动学生学习的热情和积极性，培养其独立思考和分析问题的能力以及良好的思维方式。讲座嘉宾思路清晰敏捷、讲解深入浅出、学科间交叉融合、案例资料信手拈来，各期讲座现场火爆异常，除近 200 名选课学生外，还吸引了校内外师生、政府部门、金融机构、新兴互联网金融公司、媒体等从业人员前来参加。各期嘉宾演讲主题如表 1 所示。

表 1　　　　　　研究生"互联网金融"各期课程安排

讲次	主题	主讲嘉宾	工作单位/职务
第一讲	互联网金融模式解析及发展趋势	罗明雄	北京京北投资管理有限公司总裁、原软交所副总裁、《互联网金融》一书作者
第二讲	互联网金融的机遇与挑战	易欢欢	宏源证券首席分析师、互联网金融千人会秘书长

续表

讲次	主题	主讲嘉宾	工作单位/职务
第三讲	互联网金融消费者保护	黄震	《互联网金融》杂志总编辑、互联网金融千人会创始人、中央财经大学金融法研究所所长
第四讲	P2P 网络借贷平台的运作模式及风险防范	王思聪	互联网金融千人会创始人、互联网企业翼龙贷网创始人、CEO
第五讲	电子商务与互联网金融发展实践	张海晖	阿里集团政策研究室（金融与支付）高级专家
第六讲	商业银行的互联网金融策略	张连泽	中信银行电子银行部总经理
第七讲	大数据与互联网金融	张学勇	中央财经大学金融学院副院长、副教授、互联网金融研究者
第八讲	信息化引领金融创新	董宝青	工业和信息化部信息化推进司副司长

三、研究生"互联网金融"课程的创新和突破

（一）教学理念前沿化

在 2013 年互联网金融浪潮汹涌来袭之时，中央财经大学金融学院及时把握住这一热点，一方面支持学院教师积极参与互联网金融相关的学术研究，另一方面在以往案例教学的基础上，更进一步将这一概念以单设课程的方式引入研究生日常教学当中，这是研究生教学理念前沿化的体现。之所以选择在互联网金融这一新兴业态刚刚兴起尚无定论时将其引入，而非像其他概念或业务领域，待其成熟之后方才引入，是希望让学生对新兴金融业态有较为全面、系统的认识与理解；邀请实务界管理人员与理论研究教师一起授课，能让学生及时把握业界最新的前沿动态，学会科学、理性地看待、分析新兴热潮的理论基础及未来发展。而随着经济全球化和我国金融自由化进程的不断深入，金融体系将会有更多新元素、新概念、新业态出现，对于高校金融相关专业人才培养机构来说，抓住前沿热点，将其引入教学将成为举足轻重的一部分。

（二）课程内容专题化

"互联网金融"课程共分八讲，每一讲均根据该领域理论及实践运行的内在逻辑来设计专题，并对应邀请相关的业界专家或学者拟定讲座题目和主要内容。

这样一来，最大程度地避免了各主讲教师之间由于信息不对称而造成讲座内容重复的问题，在保证课程体系系统、完整的同时，使每个专题的讲授鲜明而深入。这也符合创造型人才培养中教学目标明确、教学内容专题探索的教学特点和要求。

（三）教学资源跨界化

在"互联网金融"课程的实施过程中，较好地实现了教学资源的跨界整合。在八次专题讲座的主讲人中，有六位来自阿里金融、P2P贷款公司等互联网金融企业，另外两位来自高校，其研究领域及专长涵盖金融、经济、法律、信息技术、工程管理等，这样的师资结构使得实践经验与理论探讨很好地结合，促进业界与学界在数据、案例、素材等教学资源方面的交流融合，共同实现金融人才的教学培养。对学生而言，也使得他们对学习内容的理解更直观、透彻，更好地做到理论联系实际。

（四）考核形式灵活化

本课程一改以往闭卷考试的传统模式，采取灵活多样的考核方式，通过学生课堂出勤率、听课状态、讨论参与度、课堂笔记质量等考核项目进行综合打分。这样的考核形式在一定程度上激发了同学们听课的热情，提高了其学习的认真程度，保证了学习的持续性，同时将考核分散到平时的学习中，避免了一次笔试的偶然因素，更利于学生对于所学实际问题的吸收和深入思考。

四、"互联网金融"课程教学效果分析

该课程是金融学院首次尝试将时下热议话题互联网金融以课程的方式融入研究生课堂教学体系，取得了较为不错的反响和效果。这一尝试不仅丰富了我校金融学科人才培养的课程体系建设，为互联网金融环境下人才培养及我国互联网金融事业的发展作出了一定的贡献，同时也为学院与时俱进、及时把握市场动态、将金融发展新动向引入课堂教学积累了宝贵的经验。

（一）学生及导师对于课程的评价

在与授课教师的课前课后交流回访中，我们得知，参与授课的教师对于此举均持肯定和支持的态度，认为我校在推动互联网金融健康理性发展的过程中起到

了非常重要的作用，金融学院更是作出了很大的贡献，无论在理论探讨还是教学安排方面都走在同行前列。参与授课的嘉宾教师更是大力推崇中央财经大学金融学院采取的课程探索和教学模式，通过其微信平台对外大力宣传，吸引了校内外诸多人士的关注；部分授课教师还提出愿意为学生提供参观、实习的机会，促进学生更加直观地学习和理解课程内容。

此外，该课程在学生中也取得了比较不错的反响。参与听课的同学们普遍觉得这样的授课形式，在减轻了他们学习压力的同时提高了课堂上的学习效率，也增强了他们课下学习、深入了解的兴趣。业界教师授课的模式让大家对于互联网金融企业的业务操作有了更加深刻的认识，也在一定程度上让同学们重新认识了互联网金融创业成败的因素。

（二）学生培养长期效果的检验

在对课程效果进行检验的过程中，我们还对选课的同学进行后续跟踪调查，检验课程对于其实习、实践、就业选择，以及对于学生进行科研、论文写作、案例研究等方面的影响和作用。

由于客观原因，目前选课的学生尚未毕业，实习、就业以及论文写作方面的相关数据并不完整，但是大部分同学已经完成论文（案例）的初稿写作，也大多有了意向单位。从其论文（案例）选题、实习单位选择以及最终求职单位选择的情况看，课程的开设增加了学生对于互联网金融的全面理解和理性认识，也帮助学生建立更合理的理论与知识体系，在面临多种选择的同时，也使学生更科学地进行职业规划。后续团队将以构建互联网金融企业实习率、就业率等相关指标等方式，量化考察该课程是否以及在多大程度上对学生的实习实践或职业选择产生影响，课程对学生的思维方式养成、知识体系架构、信息查找获取、方法介绍运用等的影响是否合理全面等。

五、进一步完善"互联网金融"教学的建议

总体而言，"互联网金融"课程的开设是一次较为成功的尝试，对其他课程而言具有一定借鉴意义，但是这种授课模式也并非放之四海而皆准，在今后教学实践过程中，也具有一定的适用范围。具体适用过程中的可取之处及建议如下。

（一）课程内容紧抓前沿热点，同时要自成体系

随着金融创新的不断深入，我国金融体系不断发展完善，金融领域的新概

念、新业务、新产品层出不穷，可以称为热点的元素很多，在进行课程设计时，要根据其内涵和外延加以甄别，以使课程内容充实丰满，使学生学有所得。

（二）做好课程专题的设计安排

由于所邀请的教师是分别来校授课，彼此之间的信息并不能做到十分通畅，因此为了避免讲授内容过度重复，应该加强课程专题的统一设计，并在课前与主讲教师商定讲课大纲，做到资源最大化利用。"互联网金融"课程虽然尽量避免了这一问题的存在，但也因典型案例集中等原因，或多或少地存在这一问题。

（三）学分设置可以灵活处理，增加学生实践课时的比重

课程的学分设置（课时安排）可根据授课内容灵活设置，一般为 1 ~ 2 学分，即 18 ~ 36 课时。另外，可以在课程安排中适当增加学生实践学习的课时比重，比如组织或自行参观、走访企业，加强调查、实习等，并提交实践报告，简述实践过程，加深对所学内容的理解。

（四）控制课堂学生人数，促进交流讨论的深度

本次课程选课人数多达 180 人，加上校内外旁听人员，讲座现场人数众多，座无虚席。虽然这说明了课程受欢迎的程度，然而对于教学而言，人数过多势必会影响到教学效果。建议此类聚焦热点的课程在今后可以实行分班教学，根据选课人数，每班不超过 30 人为佳，以促进师生间的交流和讨论，提高教学效果。

（五）利用业界资源，安排参观实习

此次课程由于时间安排较为紧凑，并没有来得及安排参观实习的环节，仅设置了 4 个学时让学生自主实践。后续的课程安排可以考虑充分利用课程业界资源，在不影响企业正常运转且不涉密的情况下，安排学生实地参观考察，以增进学生的直观感性认识。

参考文献

[1] 李定仁：《试论高等学校教学过程的特点》，载《高等教育研究》，2001（3），75 ~ 77 页。

　　［2］李东荣：《大数据时代的金融人才培养》，载《中国金融》，2013 （24），9～10页。

　　［3］叶志明：《对高等学校教学过程的新认识》，载《中国高等教育》， 2009（13、14），51～53页。

基于 Workshop 和小组合作学习的
研究生创新教育模式

——以天山金鹰小组①为例

新疆财经大学金融学院 李季刚 黄子健

摘要：研究生教育是我国培养高素质创新人才的关键，现阶段主要以课堂制、导师制为主要教学手段，而忽略了学生自主学习和小型研习会等补充学习方式，致使研究生教育存在诸多不足。基于此，本文介绍一个通过一年实践得到的研究生创新学习模式，即"天山金鹰小组"模式。此模式是基于 Workshop 和小组合作学习的探索，并在当地学校获得了一定的影响。全文系统地介绍了天山金鹰小组的运作模式，并对小组经验进行总结分析，提出推广建议。

关键词：研究生教育 天山金鹰小组 Workshop 小组合作学习

研究生教育是我国培养高素质人才的重要教育形式，在科教兴国的国策方针下，研究生教育质量的高低关系到中国发展的关键。传统的研究生教育模式，一般可以总结为以下四种学习方式：一是传统的大课堂讲授方式；二是研究生自主独立学习的方式；三是小型的研讨班模式；四是以导师为中心参与课题研究项目。我国现阶段的研究生教育，主要采取的是大课堂讲授方式和导师指导参与课题方式。但是由于导师精力有限、学生学习主动性较差等原因，导致研究生教育成果不容乐观，很多研究生的能力在学校并没有得到较大的提升，而且严重缺乏创新能力，这是与我国研究生教育的出发点相违背的。因此，如何提高研究生的学习能力与创新能力，是我国研究生教育不可回避的问题。就此，赵蒙成和朱苏（2010）在研究研究生学习力时，发现学习动力不足、学习方法落后、学习自主性差、缺少问题意识、学习创新能力不足以及学习中缺乏合作意识是导致研究生

---

① 天山金鹰小组（Financial Elite Study Team），寓意为金融精英学习团队，是由新疆财经大学金融学院研究生组织的学习进步团队。

学习力较弱的原因；并指出自主学习是研究生学习的一项重要特征，以及非正式学习在研究生的学习中占有重要地位。本文认为，研究生教育需要加强方式二与方式三的运用，即将小型研讨班和研究生自主独立学习相结合，对传统导师制、课堂制进行补充，探索出一条适合研究生教育的创新模式。基于此思路，我们通过一年的实践探索，提出一种基于"Workshop"① 和小组合作学习②的创新学习模式："天山金鹰小组"模式。文章后续会对"天山金鹰小组"模式进行系统的介绍，并且提出推广方案，最后进行总结概括。

一、天山金鹰小组模式介绍

天山金鹰小组是由新疆财经大学金融学院研究生自发组织形成的学习小组，小组的初始成员有五人，分别由五位不同导师的学生组成，组织内部不存在门户之见，并由院长和特聘教授作为主要指导老师。在团队的发展过程中，学习小组得到学校各级领导的大力支持，在学校已经形成了一定的影响力。经过实践发展，天山金鹰小组形成了两个组织机构：其一是学习小组，一共 7 人（初始为 5 人，后加入 2 人）；其二是《金融经济文汇》编辑部，一共 17 人，其中包括学习小组的 7 人，以及其他各院学生 10 人。下面具体介绍通过一年实践得到的天山金鹰小组模式与成果。

（一）学习小组的初步模式

学习小组的雏形是由三位金融学院的研究生在申报省级研究生创新课题时产生的。早在 2013 年 3 月，三人就开始互相帮忙修改论文，但只是简单地、无组织地互相学习。到了 2013 年 5 月，省级研究生科研创新项目开始申报，为了申报课题成功，三人就形成了科研团队，开始有组织地进行科研学习。最后，课题组以全校第一名的身份推荐出去，并且申请课题成功。在申请过程中，三位学生发现集体学习的力量，所以萌生成立长期互帮互助学习小组的想法，从而产生了天山金鹰小组的五位初始成员，并于 2013 年 9 月 18 日正式成立。学习小组的常规学习活动是，每周进行一次集体学习活动，时间长度为 3～4 小时，形式类似于小型的研习会（Workshop）。在会上进行时事经济热点的讨论、优秀论文学习

---

① Workshop 翻译为研习会，指的是由几个人进行密集讨论的集会，如小型的学术交流讨论等。

② 小组合作学习就是以合作学习小组为基本形式，系统利用教学中动态因素之间的互动，促进学生的学习，以团体的成绩为评价标准，共同达成教学目标的教学活动。

讨论、成员论文的互相修改交流、课题项目四大部分的学习交流。

1. 时事经济热点的讨论部分。在此部分中，学习小组成员就当前经济金融的热点问题进行讨论，如已完成的讨论专题：国债期货、欧债危机、美国量化宽松政策的影响、比特币、人民币国际化、丝绸之路经济带的建设等。在学习交流过程中，由于思想的大分享，为合作共同创作科研论文打下了基础。小组成员通过热点讨论的交流，一共合作完成了 7 篇科研论文。

2. 优秀论文学习讨论部分。在探索学习活动与方式的过程中，小组成员发现有些优秀文献仅靠个人学习需要花费大量时间；遇到较难文献时，效果更加不好。所以，在进行第四次集体学习活动时，经过集体投票表决，提出加入优秀论文学习讨论部分。每周一起研读一篇优秀的经典科研论文，并在研习会上进行集体讨论。目前已完成 10 多篇经典文献的学习工作，对小组成员的科研能力有较大的提高。

3. 成员论文的互相修改交流部分。此部分是学习小组的重点之一，如果成员之中有人完成一篇文章的初稿，就会以 PPT 的形式向其他成员展示文章的思路与结构，之后其他小组成员对文章进行客观的评价并提出修改意见，这样对小组成员的科研论文修改有较大的帮助。有关这方面的知识产权规定是这样的：如若其他成员的修改建议是关键性的，那么作者需要将其加入到第二作者或第三作者的行列；如果并未提出关键性的修改，那么将不予以考虑。这样在无偿的互帮互助的学习下，提供了合作的机会，避免了知识产权的纠纷，同时又能够很好地调动所有参与者的积极性。

4. 课题项目部分。课题科研项目是学习小组的主要学习工作，大家通过共同完成一项课题，达到共同进步的目的，并在完成过程中加强了团队合作意识。学习小组目前就是以省级研究生科研创新项目为主要学习内容。在每周的集体学习活动上，成员都会就调研情况、课题完成情况、课题任务分配等方面进行交流和讨论。

学习小组的期末学习活动是在期末复习阶段的特定学习活动，当进入期末考试备考阶段时，常规活动的时间会大幅度减少，成员们腾出大量时间进行期末复习资料的整理和期末复习的准备工作，最后形成天山金鹰版的全套复习备考资料。学习小组的期末学习活动，在 2013 年下半年期末考试复习中取得了不错的效果。

(二)"天山金鹰小组"大框架雏形的建立

天山金融小组发展的第二阶段就是成立《金融经济文汇》（季刊）编辑部团

队，创办了金融学院研究生学报。学习小组 5 名初始成员分别担任期刊主编、编辑部主任等职务，后又吸纳金融学院同班同学 6 人，其中 2 人发展成为学习小组成员。《金融经济文汇》作为金融学院研究生学报，于 2013 年 12 月 18 日正式创刊，首次发行量为 150 册，仅在校内发行。期刊创刊后受到校领导和院领导的一致好评，目前已上升为校级研究生学报，由研究生处作为主管单位，金融学院作为主办单位，经济学院、旅游学院、公共经济与管理学院、统计与信息学院、国际贸易学院、应用数学学院、校研究生学生会等单位作为协办单位。同时吸纳经济学院研究生 3 人、公共经济与管理学院研究生 2 人、应用数学学院 1 人作为编辑部成员，至此编辑部发展成为以学习小组为核心的 17 人的大团队。在创办期刊的过程中，团队的所有成员均得到了较大的锻炼，并且增强了团队合作与集体协作精神。

经研究生一年级新生的要求，《金融经济文汇》编辑部于 2014 年 3 月底，联合校研究生学生会和几个学院，举办了"首届研究生学术交流会"，帮助研究生一年级的学弟学妹进行论文写作指导。并在会上宣布见习编辑制，吸纳研究生一年级新生 10~15 人作为见习编辑。经过半年至一年的实践工作后，预计从见习编辑中选出 5~8 人加入学习小组或者编辑部，成为天山金鹰小组团队的正式成员。至此，天山金鹰小组框架已经初步形成（见图 1）。

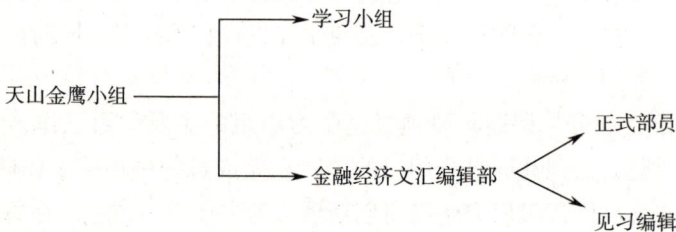

图 1 天山金鹰小组框架

（三）小组的实践成果

通过将近一年的互助学习的摸索，天山金鹰小组取得了较大的科研奖励与学习成果。在一年的学习中，小组六名核心成员科研成果如下：（1）论文发表情况。共发表 CSSCI 核心论文 2 篇、北大核心论文 12 篇、省级以及国家级普刊论文 20 余篇。（2）获奖情况。荣获第十届全国研究生数学建模大赛"三等奖"，代表学校参加于湖南长沙举办的颁奖大会，并在大会发言；荣获省级科研奖励 4 项（包括一等奖、二等奖、三等奖）、校级科研奖励 4 项（包括一等奖、二等奖、三等奖）。（3）科研课题情况。主持省级研究生科研创新项目课题 1 项。（4）参加学术会议情况。科研论文被"区域经济全国研讨会"收录，并应邀参加于广东广州举办的学术论坛；科研论文被"中国—东盟金融论坛·2013"收录，并应邀参加于广西南宁举办的学术会议。（5）其他活动。创办了校级研究生学术期刊——《金融经济文汇》。

（四）小组得以成功运作的原因

天山金鹰小组的成功运作主要有以下两方面的原因。

1. 克服了导致研究生学习力弱的因素。天山金鹰小组克服了导致研究生学习力弱的因素，如学习动力不足、学习自主性差、缺少问题意识、学习中缺乏合作意识、学习创新能力不足以及学习方法落后等。分析如下：其一，提高了学生的学习动力和学习自主性。由于小组是由学习欲望相对较强的几个学生发起的，所以成员拥有较大的学习动力和学习自主性。随后加入小组的成员由于受核心成员的影响，也能保持一个较高的学习动力与学习自主性，形成了一个良好的学习氛围。其二，提高了问题意识。由于课题是作为主要学习及工作任务，使得小组具有较强的问题导向性，基本上是围绕着课题进行合作学习；再加之每周研习会上都会讨论经济金融热点，这就很好地提高了成员的问题意识。其三，提高了合作能力与意识。天山金鹰小组在进行课题研究和创办《金融经济文汇》的工作中，实现了深度的合作与学习交流，培养了成员之间的合作精神，特别是不同学院同学之间的合作。其四，完善了学习方法。许多研究生在学习过程中较大地依赖于课堂学习和导师指导，缺乏自主学习与合作交流。而天山金鹰小组基于 Workshop 和小组合作学习的方式，弥补了学习方式上的缺陷，对传统的课堂制和导师制进行了补充。其五，提高了学习创新能力。小组在进行课题研究、研习会热点讨论、创办学术期刊等实践活动中，培养了学习创新能力，而不是局限于掌握书本上的知识与方法。

2. 获得了学校老师的大力支持。天山金鹰小组大框架的建立，离不开学校老师的支持。在运作团队与课题调研中，许多老师都提供了帮助与指导。在创办学术期刊过程中，学院领导给予了经费上的全部支持，同时其他各院的院领导也提供了无私的帮助与指导。

二、天山金鹰小组模式的影响与推广

天山金鹰小组模式的本质是研究生自主独立学习和小型研讨班学习方式的结

合，没有局限于传统的大课堂制和导师制，是一种主动的学习；同时天山金鹰小组也是团队合作学习的典范，是基于研习会（Workshop）和小组合作学习的一种创新学习模式。通过一年的实践，我们发现此模式能够较好地对传统教学方式进行补充，并且产生示范性的影响效果。下面分析小组的影响传导机制和推广方式。

（一）小组影响的传导机制

天山金鹰小组影响的传导机制是以自下而上、以点带面的方式施加影响，从而带动整个学校的学术氛围。刚开始由3位同学发起，带动5人的学习团队；其后经过发展，从5人学习小组扩展到拥有11人的编辑部，再利用《金融经济文汇》期刊传导到整个金融班级；随着见习编辑制的建立，又将影响范围扩大到研究生一年级新生，从而带动整个学院的学习氛围。当其他学院学生陆续加入编辑部，以及各院领导同意协办《金融经济文汇》，就顺利地把团队影响扩大到其他学院，带动了整个学校的氛围。这是一种以点带面、自下而上影响的传导机制。

（二）小组模式在其他学校的推广

天山金鹰小组这种 Workshop 与小组合作学习相结合的学习模式，经过一年的实践，在当地学校获得了成功，产生了一定的影响力。我们就此模式在其他学校的推广总结为以下几点：第一，先鼓励学生成立类似的学习小组（3~5人）进行互助合作学习，建议以校级学生课题的形式孕育团队。第二，根据实践情况再由几个小组进行自由合并，形成一个具有一定规模和组织的合作学习小组。第三，可以在适当时候创办类似于《金融经济文汇》的研究生学报，组建编辑部团队，在实践中进一步融合团队。第四，在团队形成与运作中，学校老师需要给予学生一定的自主空间、资金支持和专业指导。总的来说，学生自主性是前提，老师提供支持是后盾，只有同时满足这两点，才能将"天山金鹰小组"模式成功地推广到其他学校。因此，作为校方需要提高教学认识，采取有效的宣传方式，激发学生的学习自主性，同时在资金和专业方面给学生提供一定的支持。

三、创新模式的总结

综上所述，天山金鹰小组模式就是小型研习会（Workshop）和小组合作学习的结合，并且通过创办研究生学术性期刊，充分地将学生积极性调动起来，投入到团队实践学习中。此研究生学习模式是对传统的大课堂讲授学习方式和以导师为中心参与课题研究项目的补充，克服了因导师精力有限、学生学习自主性差而带来的教学弊端，是研究生自主独立学习与团队集体合作学习的典范。而小组成功运作的关键在于：学生以团队为单位进行主动学习与实践，以及学校老师的支持响应。天山金鹰小组以自下而上、以点带面的传导方式，在学校形成了一定的影响，再加之团队成员经过实践得到的大量科研成果，说明此模式具有推广宣传价值。因此，其他学校可以借鉴"天山金鹰小组"模式的启示，同时结合当地实际情况，建立类似的学习小组，实现研究生创新教育的目标。

参考文献

［1］宋美盈：《研究生教育投资分析与对策研究——以西部地区为例》，载《开发研究》，2010（2），104～106页。

［2］赵蒙成、朱苏：《研究生学习力的特点与养成策略》，载《学位与研究生教育》，2010（8），39～44页。

校企协同育人模式下地方院校金融学研究生培养机制研究①

广东财经大学金融学院　林立洪　刘刚

摘要： 在大力发展专业学位研究生培养的背景下，对科学学位研究生的培养有一定的挑战，部分高校甚至取消了科学学位硕士研究生的招生，改成硕博连读的方式，金融学科研究生的培养模式改革起步较晚，2010 年才开始金融硕士专业学位的培养。对于没有博士学位授予权的地方高校，需要创新培养模式，可通过校企合作，合建协同育人平台，创新硕士研究生培养模式，从而满足国家对金融拔尖创新人才和高层次应用型人才的需要。

关键词： 协同育人　金融学科　培养模式　创新能力

高层次创新型人才匮乏和人才的创新能力不强，制约了我国经济体制的深化改革。作为人才培养基地的高校，如何转变思路，调整模式，大力发展和提高人才的创新能力是亟待解决的问题，为此教育部联合财政部共同颁布了"2011 计划"。发达国家高校的研究生教育均将基础研究和应用研究结合起来，以研究带动教学，培养学生的创新能力，同时利用高校的资源和优势，由企业和高校建立协同育人平台，将大学和研究所的创新成果商业化、产业化。

目前我国在校研究生规模已接近 220 万人，其中硕士研究生有近 170 万人，随着国家经济体制改革的深化，对应用型创新拔尖人才的需求越来越大，越来越多的高校所培养的传统型研究生，渐渐与社会对人才的需求现状相背离。《中国大学生就业报告》披露，研究生的就业率连续多年低于本科生，近两年 5 月研究生首次签约率约为 30%，签约率低一方面受制于宏观经济，但更多的是由于企业对研究生的职业能力认可度不高。《教育部　国家发展改革委　财政部　关于深化研究生教育改革的意见》指出，要建立创新激励机制，要深化开放合作，推进校所、校企合作，以服务需求、提高质量为根本，建立与市场需求相适应的

① 本文系广东财经大学校级科研项目（13GLL88001）的阶段性成果。

研究生培养体系。国民经济发展及经济体制的深化改革需要金融的稳定与发展，需要大量高端应用型创新金融人才。

一、国外研究生培养模式的现状

美国金融学科研究生分为"经济学院模式"和"商学院模式"两种（罗刚，2006），其中"经济学院模式"以博士生为培养目标，硕士学位只是博士学位的过渡学位。"商学院模式"则培养具有实践应用能力的高端金融人才。此外，美国各个商学院还允许企业参与办学，注重与企业的联合培养。

德国是研究生教育的发源地，但德国不授学士学位，本科毕业后授硕士学位（陈云萍，2006），综合类大学经济和商业系的硕士学位称 Diplom，以培养研究型博士生为主，培养中以"导师制"为核心。应用型大学、高等专科院校经济和商业系的硕士学位称 Diplom. F. H（专门高等学校），此类硕士研究生大多进入实际金融部门工作。

日本的硕士研究生教育强调专业化，主要以培养社会从业人员为主（张玉琴，2005），日本的研究生教育发展很快，在引进德国的讲座制和美国的研究生院制的模式下，发展了自己的产官学一体化的研究生培养模式和以"工业实验室"为主的科研模式。

中国香港为满足在职人员职业技能提高的需要，开展课程硕士的培养（李盛兵，1996；李静，2004），课程硕士以修读学分为主，不需要进行学位论文的撰写，除课程硕士外的硕士研究生培养，均以硕士学位论文水平作为衡量研究生是否达到培养目标的标准。但课程硕士的比例高达整个硕士研究生规模的 2/3，且办学经费以政府投入为主，参加课程硕士学习的研究生只需要承担少许费用。

综观国外的研究生教育，大致有学徒式、专业式、协作式与教学式四种主要的培养模式（王欢，2008），各培养模式针对不同的人群，培养过程较灵活，能满足各类人员的技能或者能力提升的要求；各培养模式目标明确，对校企合作办学非常鼓励，有明确的政策资助，校企合作培养的人才具有较高的行业水准。

二、国内研究生培养模式的创新趋势

国内的研究生培养模式越来越接轨国际，形式也更加多样，但同样的模式，在国内外两种教育体制下，研究生的培养质量有较大的差距。国内对研究生创新应用能力的培养近几年也越来越受到各界的关注，中国高校多，但层次参差不齐，学位授予权分布不均，受到地域因素及办学经费的限制，结合中国国情的特殊性，尽管也引入了课程硕士等非全日制研究生，但社会认可都不高，往往成为在职人员提高学历的需要，而非提高职业技能的需要。在人才培养模式创新的尝试中，受制于办学经费和办学实力的影响，往往以部属高校为导向，经过多年探索实践，主要有校企项目合作、校企共建研究生联合培养基地的模式（刘鸿，2002）等。例如华南理工大学（程萍，2005）选择了多个技术力量雄厚、科研条件好、有研究课题的大型企业或科研院所作为校外培养基地，形成了集研究生教学、课题研究、就业于一体的，贯通式培养教育模式。2004 年上海交通大学与宝钢集团合作创立的研究生培养模式，采取不脱产方式，定向培养宝钢主体专业的工程类硕士研究生（肖国芳，2006）。校企协同培养研究生的模式，在国内外均有提倡，但是一般都集中在理工科专业，由于这些专业在国内外的成熟度较高，有利于产、学、研三位一体的形成，易于培养和造就科技创新和工程技术领域领军人才。

作为经管类专业，校企协同的模式大都应用在专业学位上，近年来教育部加大了专业学位硕士的招生比例，专业硕士以培养应用实践能力为主，淡化学术科研能力，但从社会的认可度来看，单单进行不少于 6 个月的专业实践来提升实践应用能力还是不够的，只有坚持实践与科研相结合的发展模式，才能真正有利于提升研究生的实践能力。目前很多高校取消了学术型硕士的招生，采用硕博连读的方式培养学术型硕士，比如清华大学、上海财经大学等高校的大部分经管类专业。对未有博士学位授予权的地方院校，学术型硕士研究生的培养模式该如何定位，如何避免专业硕士和学术型硕士的趋同性，尤其是如何培养研究生创新能力，是地方院校进一步深化研究教育改革的重点。

在金融学科，采用联合培养的模式已经取得一些成效，对于金融硕士的联合培养模式较为完整，但大多处于起步阶段。例如，上海财经大学与上海金融学院两校联合培养金融硕士专业学位项目"卓越金融专业学位硕士班"，复旦大学与法国里昂商学院的金融硕士双学位培养模式，中南财经政法大学与重庆大学探索实施全日制专业学位硕士研究生校企联合培养模式，云南财经大学采用"政校企"模式协同办学培养专业硕士等。开展金融学硕士研究生的联合培养单位一般是国内外知名高校及科研院所，这种联合培养有两种模式：一是不稳定的联合培养单位，比如北京市、海南省开展的"国内外联合培养研究生"项目；二是有固定的联合培养单位，比如上海立信会计学院与华东师范大学联合培养金融研究生、北京大学深圳研究院与香港大学联合培养经济学硕士和金融学硕士、湖北大学与湖北经济学院联合培养金融学硕士。这种培养模式依赖地域的结合性，一种是打造双硕士学位品牌，一种是帮助办学实力较弱的地方院校培养研究生。

院校之间的联合培养对研究生的职业能力并不能带来显著提高，更多的是集中院校之间的优势资源，实现师资和实验等资源共享的模式，对于没有博士学位授予权的地方院校，在新形势下，其在培养学术型研究生过程中要侧重科研与实践相结合的模式，将行业专家请进来，将研究生送出去，协同培养研究生的研究能力与职业能力；打造进可继续攻读博士，退可作为具有创新研究能力的高端专门金融人才。

三、校企协同培养金融学研究生的可行性

各高校培养的金融学科研究生，在就业方面并不存在太大困难，但地方院校的毕业研究生在一线城市的竞争力越来越低。根据对某地方高校近五年金融学毕业生就业数据分析，其共有毕业生 126 名，进入高校攻博、银监会、保监会、证监会、证券公司、保险公司等行业就业人数 22 人，比率不足 20%，60% 以上的金融学毕业研究生集中在商业银行就业。根据对在商业银行就业的毕业生调查，高校培养的研究生大多只能担任理财顾问、信贷审核员等岗位的工作，参照国外高校的人才培养目标，高校培养的硕士研究生应成为相关领域的核心专门人才。而在毕业班研究生的调查中发现，95% 的应届毕业研究生期望有不少于三个月的实习或者实践经历，但传统的培养模式无法满足金融学研究生的实践需求。

表1　　　　　　　　　　金融学研究生具体就业分布情况　　　　　　　单位：人

年份	就业人数	攻博	高校	人民银行	公务员	国有企业	商业银行	证券公司	保险公司	期货公司	基金管理公司	投资公司	其他
2010	13	0	1	0	0	1	4	2	1	1	0	3	0
2011	22	1	0	0	1	4	13	1	0	0	0	2	0
2012	41	1	4	0	0	0	26	2	0	1	1	1	5
2013	31	3	0	1	1	1	18	0	1	0	0	3	3
2014	19	0	0	2	0	1	10	0	2	0	0	2	2

随着信息技术的飞速发展，网络银行越来越受到广泛的使用，据非公开调查，银行网点的月均客户流量较之前减少了三成。在过去十年期间，银行业得到

了飞速的扩张，每年也容纳了大量的高校优秀毕业生。近年来兴起的互联网金融，给传统银行业的流动性和利润带来极大的冲击，未来 5～10 年，银行业的个人柜台业务将逐渐减少，银行业也将进行金融创新，以适应社会经济发展的要求，高校毕业生进入银行系统工作的门槛将大幅提高，按照目前培养模式培养出的金融人才，将很难胜任银行业在转型升级过程中的工作。各高校如何及时调整金融人才培养模式，将是近年来学科建设的重点任务。

对于教育部直属重点院校，在进行人才培养目标的改革时往往很容易有所突破。然而，对于地方院校来说，其在与企事业单位合作上缺乏竞争力，造成高校的产学研成果转化缺乏途径，特别是受制于财政经费和实验条件，无法满足研究生的科研与实践需求，制约了研究生的创造性构思以及理论实践的应用。在研究生实践应用能力培养上，地方院校对所聘请的校外合作导师缺乏吸引力，校外合作导师也难以真正对研究生的实习实践过程进行指导及参与其他培养环节；校内导师由于没有经费支持，无法去企事业单位进行实践锻炼，在研究生实践应用方面的指导有所欠缺。

对于没有博士学位授予权的高校，其所培养的研究生大多数直接走向工作岗位，只有极少数的研究生选择博士生教育。假设，对于科学学位研究生，在保证研究生学术科研能力的前提下，增加研究生创业创新教育的环节，对于金融硕士（MF）在确保实践应用能力的前提下，增加学术科研能力的培养，这样所培养出来的研究生既有研究能力，又有动手能力，能满足社会对金融人才的需求。但该模式极易造成两种研究生在培养模式上的趋同性，对于科学学位研究生缺乏固定的实践平台，对于金融专业硕士则没有足够的时间进行科学研究，也不利于培养研究生的创新能力，很难真正培养出社会所需要的人才。

地方院校要培养真正为社会所需的金融人才，必须打破之前的培养模式，通过与相关金融机构联合来培养硕士研究生。两年制的专业学位研究生并不利于协同培养模式的开展，因为大多数专业学位研究生是跨学科考生，必须充分保障一年的基础课程学习时间和不少于六个月的专业实践，因此校企协同育人的培养模式应该应用于三年制的研究生。地方院校通过与相关金融集团、投资机构、银行、高新区建立研究生联合培养示范基地等合作办学形式，通过示范基地之间的资源协同，为金融学研究生培养提供保障；通过产学研成果的转化，为人才培养提供经费保障和支持；通过联合培养的模式，为合作双方带来互赢；通过协同育人的模式，为金融行业提供高端专门金融人才。

四、校企协同培养金融学硕士研究生的模式探讨

校企协同育人是通过高校（院所）与企业（行业）之间实现优势互补，共同合作的一种稳定而长效的产学研合作之路。校企协同育人有三个参与主体，即研究生、高校与协同单位（行业）。地方院校如何吸引优秀的研究生生源选择进入协同平台培养是其中关键的一环，协同平台需要为研究生制定个性化的培养方案，甚至是明确的职业规划。高校作为主动方，如何引导校内导师联合研究生走科研与实践产学研道路，需要有长期的制度保障与激励机制。协同单位（行业）一般是企业或者机构，企业是以营利为目的的，企业参与到协同育人中的积极性，取决于协同培养的模式能给企业带来多大的直接或者间接效益。

地方院校金融学研究生的协同培养成效取决于各方的积极性和认可度。但协同培养各方的职责不明确，激励机制制度不完善，易造成高校与协同单位对研究生的培养在一定程度上相脱节，对协同平台研究生的培养质量难以提高。如何让所培养的硕士研究生真正成为区域金融经济建设的高端专门人才，需要结合金融经济实际情况，校企合作各方也需要有一致的合作目标和明确的合作内容。地方院校探索校企协同培养金融学硕士研究生，可参考以下三个方面的要求。

（一）明确协同各方的职责，倡导双导师的培养体制

由院校主导成立协同管理机构，明确相应责任人，制定专门的制度文件，确保研究生的协同培养正常运作和产学研成果的转化。为保障协同培养研究生的创新能力，每名研究生均采用双导师制，校内导师以学术研究指导为主，要专门安排校内导师赴企业了解市场需求，熟悉新产品开发流程，提升校内教师实践能力。校外导师从企业高级研究人员和技术人员中遴选。鼓励导师严谨治学、因材施教。建立以导师负责制为主的，提高研究生教育质量的长效机制和内在激励机制。

采用校内培养、校外指导的联动机制，在研究生的培养中发挥校内导师的科研特长，利用校外导师的实践经验，提高研究生科研成果的实践应用性，实现研究生创新实践能力的提升，为产学研转化提供成果。设立学术年假制度，对校内外导师在学术年假期内没有任何考核，校内外导师可带领研究生在学术假期内参加各级各类国内外学术活动，或者从事社会调研等。

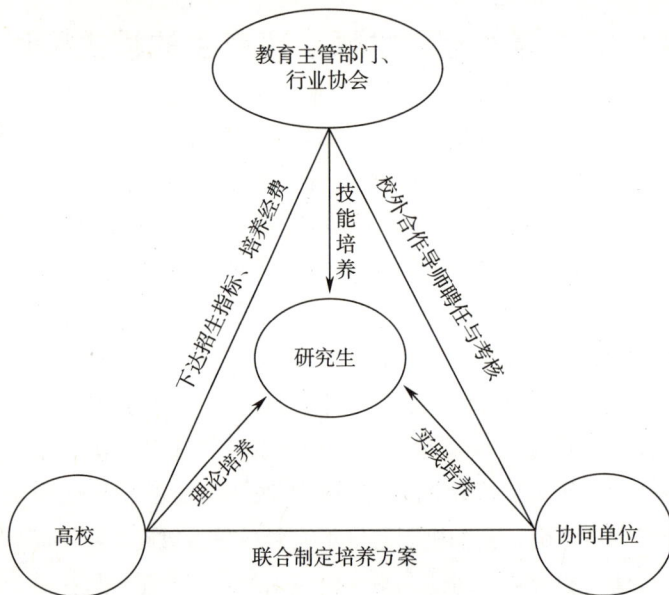

图1 校企协同育人功能

（二）制定专门的培养方案，开展多样化的课程学习形式

协同育人的培养模式并非是简单的校内学习加校外实践，需要合作双方展开深层次的合作，以提高人才培养质量为己任，为联合培养的硕士研究生创造学术科研环境、提升实践应用能力。为保障研究生的培养质量，协同平台要保障研究生培养经费的来源，争取生均经费每年达 2 万元，通过设置专项奖学金，以满足研究生在读期间的各项支出，确保协同培养的研究生能在三年培养期内保质保量地完成培养计划所规定的内容。

协同培养的研究生前三个学期在校内进行理论课程的学习，第四、第五学期在企业单位进行实习实践和创新项目开发与研究。协同培养的研究生在学位论文的选题确定上，要注重实践应用能力的培养。学位论文的选题和指导以协同单位的校外导师为主，校内导师只进行理论和方法的指导，每篇硕士学位论文采用国家级科研项目立项的形式，经费由协同评审小组确定，项目经相关评审结项后，方可授予学位。

（三）采用订单式的培养模式，实现产学研的高效转化

为确保研究生的培养质量，地方高校可选择大型的企业进行协同，由协同企

业根据近几年内具体的人才需求状况，提出相应的人才培养要求，与协同高校签订人才培养协议，共同制定人才培养方案。在人才培养过程中，各司其职，双方共同培养，待研究生完成培养方案的各个环节后，对达到协议预定标准的研究生，原则上协同企业负责安排就业。

地方院校可利用接收推免生的机遇，吸引重点大学优秀应届毕业研究生进入协同育人平台，协同培养研究生单列硕士生招生计划，研究方向为协同企业（行业）发展中所遇到的前沿金融具体理论问题。协同企业每年根据发展中的具体金融问题，发布创新实践项目申报通知，协同培养的研究生需申请创新实践项目立项，以项目研究代替课程学习、专业实践的方式，贯彻研究生实践创新能力的培养，为研究生成果的产学研转化提供平台和途径。

五、结论

校企协同培养研究生并不是一个新鲜的事物，地方院校对金融学研究生采取校企协同培养的方式，能增强硕士研究生的创新能力和职业应用能力，提高硕士研究生的社会适应性，也为研究生创新研究成果搭建了应用平台，此种培养模式方能对接社会人才需求。但校企协同的模式也面临很多挑战，比如协同单位的选择、培养经费的来源、实验与实践平台的建设、双导师的管理等，在解决了这些问题的情况下，校企协同培养金融学硕士研究生的模式才能确保培养成效。

对于没有博士学位授予权的高校，校企协同培养金融学科硕士研究生的成效还需要时间来检验，但学科建设的步伐不能停留，可在校企协同的脚步下进一步探讨建立学科区域联盟，集结区域内的所有学科资源，共同培养研究生。此外，还可通过与国外院校和科研机构的协同合作，探讨金融学科研究生教育的国际化之路，拓宽研究生的国际化视野，提升研究生对学科的认识，提高研究生的培养质量。

参考文献

[1] 罗刚、李华：《美国金融研究生的商学院培养模式及其启示》，载《学位与研究生教育》，2006（9），77~80 页。

[2] 陈云萍、杨晓明：《德国、美国与日本研究生培养模式分析》，载《中国冶金教育》，2006（5），76~79 页。

［3］张玉琴、李奇术：《日本研究生教育发展研究》，载《外国教育研究》，2005（1），50～53页。

［4］李盛兵：《香港研究生教育及其模式分析》，载《上海高教研究》，1996（5），60～62页。

［5］李静：《香港的研究生教育》，载《中国研究生》，2004（1），24～26页。

［6］王欢：《国外研究生培养模式分析与借鉴》，载《光明日报》，2008－05－21。

［7］刘鸿：《论研究生培养模式多样化》，载《江苏高教》，2002（6），116～118页。

［8］程萍：《基于校企合作培养研究生创新能力的对策研究》，载《科技进步与对策》，2005（11），154～155页。

［9］肖国芳：《产学研结合研究生培养新模式——"交大宝钢"研究生培养模式的特征与思考》，载《中国高教研究》，2006（10），23～25页。

［10］李祖超、梁春晓：《协同创新运行机制探析——基于高校创新主体的视角》，载《中国高教研究》，2012（7），85～88页。

［11］张学洪、金峰、王学军、吴志强：《建立校企战略联盟积极推进高校研究生联合培养基地建设》，载《学位与研究生教育》，2012（8），32～33页。

专业学位研究生培养中的矛盾分析[①]

哈尔滨商业大学金融学院　李国义

摘要：专业学位研究生培养中存在五大难以解决的矛盾，揭示这些矛盾，分析其产生的原因，提出解决矛盾的对策，对于提高专业学位研究生培养质量具有重要的意义。主要矛盾包括：培养模式与社会现实之间的矛盾，生源结构与课程体系之间的矛盾，培养要求与教学资源之间的矛盾，研究方向与就业岗位之间的矛盾，论文模式与能力需求之间的矛盾。

关键词：专业学位　研究生　培养　矛盾

一、引言

人才市场对专业学位研究生培养提出越来越高的要求，但是在专业学位研究生培养过程中出现的多种矛盾也越来越突出。归纳起来，对专业学位研究生培养质量具有较大影响的矛盾主要有：培养模式与社会现实之间的矛盾，生源结构与课程体系之间的矛盾，培养要求与教学资源之间的矛盾，研究方向与就业岗位之间的矛盾，论文模式与能力需求之间的矛盾。这些矛盾在各培养高校中普遍存在，但目前国内教育界已发表的研究文献中尚缺乏对这些矛盾的集中分析，多是围绕某一方面的专题研究如何提高专业学位研究生的培养质量，提出建设性的意见，而不是揭示矛盾和分析问题。例如，研究应该建立何种专业学位研究生培养模式（周鑫斌、赖凡、刘秀华，2014；孙友莲，2013）；研究如何提高专业学位研究生生源的质量（王任模，2013）；研究如何构建专业学位研究生教育的外部质量评价体系（李娟、孙雪、王守清，2010）；研究如何构建专业学位研究生实践教学体系（孙丹、杨道宇，2014）；研究如何完善专业学位研究生入学考试制度（李伟，2008；刘勇，2014）；研究如何改革和构建专业学位研究生课程体系

---

① ［基金项目］黑龙江省高等教育学会高等教育科学研究"十二五"重点规划课题"金融硕士专业学位研究生与学术性金融学硕士的培养模式比较研究"，项目编号为 HGJXHB1110776。

（王春丽、王世伟，2014；姚壬元，2014）；从新制度主义视角研究如何构建专业学位研究生教育认证制度（蒋馨岚，2014）。本文试就矛盾的表现、原因进行分析，并在此基础上分别对培养高校和政府教育主管部门提出相应的对策建议。

二、专业学位研究生培养中的矛盾表现

（一）培养模式与社会现实之间的矛盾

在专业学位研究生的培养模式中，包含"双导师制"培养模式、"基地实习"培养模式。双导师制是指每名专业学位研究生配有一名校外导师和一名校内导师。但是在现实中，校内副导师往往担负着正导师的职责，而校外正导师发挥作用较少。基地实习培养模式是指高校与校外企业建立合作关系，由合作企业为研究生提供实习场所，安排业务骨干指导研究生的实习。但是在现实中，企业的积极性并不高。往往是高校研究生培养单位负责人凭私人关系（如校友、同学、朋友等关系）建立实习基地，签订合作培养协议，但是在实施协议时，一些合作企业总是找各种理由拒绝接收实习研究生，或者接收后没有安排专人给予具体指导，或者安排了指导教师，但是指导教师本人无暇指导研究生。

（二）生源结构与课程体系之间的矛盾

各高校在专业学位研究生招生中对考生的本科专业范围界定较宽。另一方面，金融硕士研究生课程体系需要与金融学本科专业课程体系相区别，不能将金融硕士研究生降低为金融学本科生层次来培养，要求金融硕士研究生课程内容必须在理论深度上超过本科课程内容。但是，非金融学本科专业毕业生在本科阶段未学习过或者很少学习金融类课程，让其直接学习高深的金融类专业课程，会让这些学生感到难以适应。换言之，学生的专业基础不同，对硕士研究生专业课程的难易度判断有很大差异。

（三）培养要求与教学资源之间的矛盾

教学资源主要包括校内师资及外聘专家、教材、教师，以及多媒体手段、图书馆与资料室中的纸质文献与电子化文献、实验室硬件与软件等。在专业学位研究生培养中，培养要求与教学资源之间往往存在着矛盾。按照培养要求，办学单位应该注重专业学位硕士研究生实践能力的培养，课堂教学多采用案例

教学法，学位论文提倡调研报告、案例分析等体现实践特色的形式。这就需要任课教师和导师具有丰富的实践经验，是"双师型"教师。但是实际上各高校偏重于教师的学历层次和科研能力，忽视教师的实践经历和实践能力。

（四）研究方向与就业岗位之间的矛盾

研究方向与就业岗位之间的矛盾主要表现在"所用非所学、所学非所用"。对于全日制研究生而言，他们在选择专业和研究方向时，就业岗位并不是主要的考虑因素，而是主要考虑入学考试的难易程度、培养单位的声誉、导师的品牌价值等。事实上，研究生在校期间并不清楚将来能够在什么岗位找到工作。对于在职非全日制研究生而言，就业岗位已经确定，但是由于受各种条件的限制，在选择报考专业和研究方向时，往往会考虑自己认为比较容易考取的专业，选择社会声誉有较高含金量的培养单位，而不是考虑与本职岗位联系是否紧密。

（五）论文模式与能力需求之间的矛盾

各高校均依据国家的论文规范规定有专业学位研究生论文撰写具体模式。一般要求在第一章中对国内外研究文献进行综述，在第二章中阐述论文所用到的基础理论，第三章、第四章和第五章进行深入分析、论证，阐明自己的观点。但是，论文规范主要对撰写论文具有意义，对指导学生选择就业岗位或者做好岗位工作的意义不大。以国外研究文献为例，多数学生很难直接收集到与自己论文相关的国外研究文献，即使收集到了国外文献，也仅用于撰写论文，未来工作岗位并不需要这些国外文献。学生需要的是对实际问题的分析与解决能力，包括撰写工作规划、工作计划、专题报告、工作总结的能力，处理人际关系的能力，应对突发事件的能力，方案策划能力、新产品开发能力，等等。由于论文规范与能力需求相脱节，所以学生对论文不甚感兴趣，普遍存在"应付过关"的思想，甚至存在抄袭或付费买论文的现象。

三、专业学位研究生培养中矛盾产生的原因

（一）利益不对称影响了合作企业和校外导师的积极性

利益不对称表现在两个方面。一是合作企业和校外导师指导研究生所获得的

利益与从事其本职工作所获得的利益不对称，即指导研究生基本无利可得，而从事其本职工作可能获得较大利益；二是合作企业与校外导师指导研究生所付出的成本与其获得的利益不对称，即指导研究生的成本大于利益。

在市场经济条件下，外部竞争机制迫使企业追求经济利益最大化，企业内部人力资源管理形成的内部竞争机制则迫使员工追求岗位业绩。对于合作企业而言，企业的经营业绩决定其生存状况；对于校外导师而言，其在企业的岗位表现决定其职务升迁和收入高低。另一方面，合作企业与校外导师指导硕士研究生所获利益极其有限。合作企业的每一个岗位均已安排相应员工，实习研究生在合作企业中属于"多余人员"，合作企业指导研究生实习需要付出一定代价，包括提供实习场地，安排业务人员指导实习等，还要承担实习生的安全管理。校外导师则要在繁忙工作之余对研究生进行指导。合作企业、校外导师的付出，并不能得到相应的补偿。高校一般不向合作企业拨付实习费用，实习研究生也不能给合作企业提供多大贡献。校外导师所得到的指导费与校内导师一个标准，而校内导师的指导费非常少，例如，某校每月每生指导费仅有 50 元，尚不足以支付指导电话费用。

如果合作企业需要研究生留在本企业工作，则合作企业指导研究生能够获得较大的回报。但是有的合作企业并不需要实习研究生留在企业工作，而研究生毕业后选择合作企业就业的可能性也较小。换言之，在硕士研究生层次，"订单式培养"机制难以实施，因此，利益不对称的问题难以解决，这必然会使合作企业和校外导师指导研究生的积极性受到抑制。

（二）教育竞争机制的缺陷是生源结构与课程体系之间矛盾产生的主要原因

围绕硕士生源的竞争不但在高校之间展开，也在同一院校内部不同专业之间以及同一专业的导师之间展开。按照目前的竞争机制，如果某一高校某一硕士专业连续数年没有生源，则该校该专业将被取消招生资格；如果某一硕士生导师连续数年没有指导硕士研究生，则该导师将被取消指导研究生的资格。但是另一方面，一些地方高校或者高校内部某一专业的硕士生源不足，导师无学生可导。导致这些高校硕士生源不足的主要原因，除了其自身的研究生培养质量不高和社会声誉较低以外，很多社会用人单位非"985 工程"或者非"211 工程"高校的毕业生不予招聘，这种用人导向，会迫使很多考生宁肯放弃自己在本科所学的专业，也要报考"985 工程"或者"211 工程"高校，这会导致"985 工程"和"211 工程"高校硕士研究生招生初试分数普遍提高，同时也成为非"985 工程"

和非"211工程"高校生源不足的一个原因。地方高校的硕士层次生源不足，就不得不放宽考生的专业条件。

（三）高校及教师评价机制的导向使教学资源难以满足专业硕士的培养要求

政府主管部门、社会中介机构在对高校综合实力进行评价时，注重的不是高校内在的教学水平，而是外在的不能反映教学水平的其他指标，如具有博士学位的教师占全体教师的比例、有多少位院士和长江学者或其他头衔的教师、有多少国家级课题、多少科研经费、出版多少专著、发表多少被国际检索的论文，等等。高校内部在对本校教师进行能力评价、职称评定、薪酬定级、授予荣誉称号时，也是以非教学指标为主要评价指标。例如，教师的学历、主持的科研项目级别、支配的科研经费的数额、社会学术兼职的层次和地位、科研获奖的档次和等级，等等。高校引进教师时，偏重于其是否具有博士学位、毕业于哪所学校、是否具有海外留学经历、主持过哪些科研项目、有何论著问世、获过哪些成果奖项、学术地位如何，等等。可以说，学历和科研能力而不是教学能力决定着教师的命运。社会对高校的评价机制影响着高校对教师的评价机制，高校对教师的评价机制影响着教师的行为方向。教师在决定自己的努力方向时，普遍把时间和精力投向了学历提高、科研项目申报、撰写研究报告、发表科研论文、撰写著作、参加社会活动等方面，对教学则抱着应付的态度，对专业实践则更不感兴趣。这必然导致高校教师对专业实践不熟悉，教学内容空洞，难以满足专业学位硕士研究生的培养要求。

（四）"偏好学历"的社会用人机制成为"学用脱节"的助推器

社会用人机制具有"偏好学历"的特征，其主要表现在用人单位的招聘条件中，对学历层次的要求越来越高，很多岗位不要本科生，只要硕士研究生，甚至要求是名校的硕士研究生，对应聘者所学专业的要求则不严格，划定的范围较宽。这种用人机制促使考生在选择报考方向时，在学校和专业之间把选择学校放在第一位，选择专业放在第二位；在考试成本与专业对口之间则更看重考试成本。

（五）重形式、轻实效的论文质量评价倾向导致僵化的论文评价标准

在专业学位的论文质量评价中，存在着重形式、轻实效的倾向。导师在指导论文时，要求学生的论文格式必须符合学校的专业学位论文规范；论文答辩小组专家在判定论文成绩时，把论文格式作为重要的考量因素；学校把论文送给校外

专家进行盲审时，盲审专家首先考虑论文格式问题；政府主管部门在对高校专业学位研究生论文质量进行评估时，更偏重于论文的格式。至于研究生写论文达到了什么效果，解决了哪些理论和实际操作问题，很少有人去关注，也很难了解。因此，在研究生看来，专业学位论文是给学校写的，不是给自己写的，论文对自己除了可凭此获得学位以外，对工作能力的提高没有任何实际意义；在学校看来，考虑的则是专业学位论文在评估时能否过关，而不是论文解决了哪些理论和实际问题，为此，就要用固定的论文模式来指导和要求学生撰写论文。

四、化解专业学位研究生培养中矛盾的对策建议

（一）出台鼓励企业助学的税收政策

凡是企业为高校研究生培养支付的费用，包括设备费、指导劳务费、研究生交通与伙食补助费等，全部从所得税前利润列支。具体可以由当地税务部门与企业一起核定生均实习费用指标，按照企业安排的研究生人数和天数计算费用金额。

（二）重新划分政府与高校的职责

高校设什么专业学位、何时设立、招生名额等，均由高校自己决定，政府不予干预。政府的职责是规定专业学位设立的师资条件和物质条件（例如，生均教室面积、生均电子计算机设备拥有量、互联网畅通状况、图书资料拥有量、生均宿舍面积、生均食堂面积等），只要条件具备，高校就有权自行决定专业学位的设立与招生事宜。这样，高校就不会因担心学位点被取消而不顾考生的专业基础去盲目招生。同时，由各专业学位的教学指导委员会负责规定各专业学位的入学考试内容和基本范围，考生只有掌握了考试范围的基本理论和基本知识，才能说明其具备了某一专业学位研究生所需要具备的专业基础，这样生源结构与专业学位研究生课程体系之间的矛盾就会大为缓解。

（三）完善高校与教师评价机制

由政府出台高校评价基本指标体系和教师评价基本指标体系，在指标体系中降低科研的权重，提高教学权重，提高教师实践能力评价指标所占的权重。教师实践能力评价指标可以包括实践天数、实业从业资格证书拥有情况、实践教学论

文质量与数量、企业委托项目研究情况及取得的效益、案例编写著作质量与数量、校内讲义质量与数量等。同时加大对教师实践能力培养的资金投入。

（四）政府出台有关人力资源管理和专业学位研究生入学考试的政策

政府人力资源管理部门应该禁止用人单位搞"校别歧视"。政府部门和中介机构对企业进行评价或评级以及对企业人才进行评价时（如审批领军人才梯队带头人），不将学历作为条件，而只看成果质量与数量。政府教育主管部门应该统一专业学位入学考试基本政策，如金融硕士应该与工商管理硕士一样，取消"数学三"考试科目，降低数学考试难度，并将数学考试内容纳入"综合科目"试卷。这样，考生偏重选择学校而轻选择专业、偏重选择考试难易系数而轻专业对口的现象就会减少。

（五）减少对专业学位论文的约束性规范

专业学位论文的体例应该多样化，不求统一。应该注重对专业学位研究生解决实际问题能力的考查。学校仅对专业学位论文的语句是否通顺、标点符号是否正确、基本概念是否准确、意思表达是否清楚、数字和图标写法是否符合国家统一规范、是否有效地解决了实际问题、论文最少字数、有无题目和目录等提出要求，其他如论文的格式、体例、参考文献、对国内外研究现状的描述等则不作要求。学位论文可以采用调研报告、咨询报告、案例分析、工作总结、改革方案等形式。取消专业学位论文由专家盲审的办法，改由论文采纳单位出具采纳证明的办法。如果论文发表（含公开发表和在内刊发表或者会议论文集收录）或者以专著形式出版，则不必提交采纳证明。

参考文献

［1］周鑫斌、赖凡、刘秀华：《我国农科类专业学位研究生培养模式创新研究》，载《西南师范大学学报》，2014（5），161～163页。

［2］孙友莲：《专业学位研究生的特殊性呼唤培养模式的独特性》，载《学位与研究生教育》，2013（10），14～18页。

［3］王任模：《全日制工程硕士生源及选拔方式研究》，载《黑龙江高教研究》，2013（12），46～48页。

［4］李娟、孙雪、王守清：《专业学位研究生教育的外部质量评价体系的构

建》，载《黑龙江高教研究》，2010（11），57～59页。

［5］孙丹、杨道宇：《专业学位研究生实践教学体系的构建》，载《教育评论》，2014（5），21～23页。

［6］李伟：《法律硕士入学考试制度的剖析与完善》，载《中国高教研究》，2008（2），41～42页，93页。

［7］刘勇：《论法律硕士专业学位入学考试制度的完善》，载《研究生教育研究》，2014（3），61～65页。

［8］王春丽、王世伟：《财经类专业学位硕士研究生课程体系的改革与构建》，载《东北财经大学学报》，2014（3），91～94页。

［9］姚壬元：《保险专业硕士学位研究生课程设置问题探讨》，载《金融教育研究》，2014（1），73～77页。

［10］蒋馨岚：《我国专业学位研究生教育认证制度的建构——基于新制度主义视角的分析》，载《研究生教育研究》，2014（1），78～83页。

我国专业学位硕士研究生培养
机制现状与思考

——以金融专业为例

暨南大学经济学院　蒋海　牛洁

摘要：自1991年教育部设置专业硕士研究生学位以来，我国研究生培养模式发生了深刻变化，专业学位硕士研究生规模迅速扩张，形成了目前专业学位硕士与科学学位硕士并驾齐驱的格局。同时，因专业学位硕士培养机制尚不成熟，导致分类培养过程中产生了一些突出问题，进而影响了研究生的培养质量。基于上述认识，本文以金融专业为例，对专业学位硕士与科学学位硕士培养模式的异同点进行比较，进而对目前研究生分类培养中存在的主要问题进行深入分析，并提出相应的建议与措施。

关键词：科学学位硕士　专业学位硕士　培养机制

随着我国国民经济与科学技术的快速发展，企业对应用型高层次专门人才的需求也在不断增加，研究生分类培养模式成为研究生规模不断扩张的必然选择。我国金融专业硕士的发展相对较晚，直到2010年国务院学位委员会第27次会议审议通过金融硕士研究生专业学位设置方案后，才开始招收和培养金融专业硕士研究生。由于设置时间较短，培养机制有待完善，影响了培养质量。该类问题也是近期其他专业学位硕士培养中面临的共同问题。因此，有必要从科学学位硕士与专业学位硕士的异同点入手，探讨适合我国实际的专业学位硕士培养机制，为我国研究生分类培养模式的改革创新与优化提供有益的借鉴。本文试图通过比较两者在培养目标、培养方式和培养机制等方面的特性，对研究生教育更好地实行分类培养，进而提高培养质量提供理论依据和借鉴，旨在完善现有的研究生培养模式，更好地适应国家对高层次应用型人才的迫切需要。

一、研究生分类培养改革的必然性与现状

（一）分类改革的必然性

高层次应用型人才是我国当前产业升级与科技快速发展的重要保证，也是各特定职业领域的急需人才。在 2012 年 2 月 28 日国务院学位委员会第 29 次会议上，刘延东指出，目前研究生的培养体系已日益完善，实现了从培养学术型人才为主向学术型、应用型人才培养并重的转变，并初步形成了部门行业参与、与职业资格制度衔接的专业学位研究生培养体系。2012 年 3 月《教育部关于全面提高高等教育质量的若干意见》明确指出，为优化人才培养结构，要加大应用型、复合型、技能型人才培养力度，大力发展专业学位研究生教育，逐步扩大专业学位硕士研究生招生规模，促进专业学位和学术学位协调发展。2013 年 3 月召开的全国研究生教育工作会议上，教育部、国家发展和改革委员会、财政部三部委联合发布的《教育部　国家发展改革委　财政部　关于深化研究生教育改革的意见》要求，建立以提升职业能力为导向的专业学位研究生培养模式。面向特定职业领域，培养适应专业岗位的综合素质，形成产学结合的培养模式，加强实践基地建设，强化专业学位研究生的实践能力和创业能力培养。这些文件的颁布是我国研究生分类培养模式的重要指南，有利于提升研究生的培养质量。

以金融业为例，近年来我国金融业快速发展，金融国际化水平不断提高，以上海、北京、深圳等为代表的国际金融中心及全国性与区域性金融中心的辐射示范效应日益扩大，特别是上海自由贸易区的建立，带动了全国金融发展水平的迅速提升和金融创新步伐的加快。与此同时，对具有国际视角的高层次金融人才的需求明显增加。"一行三会"《金融人才发展中长期规划（2010—2020 年）》提出，"十二五"期间我国预计新增首席或高级经济学家、高级风险评估预测专家 7.3 万人，新增金融分析师、国际会计、保险精算、保险核赔、财务总监等重点领域高级金融分析专家 18.9 万人，新增金融机构总部和管理部门中层以上管理人员及分支机构负责人 10 万人，到 2020 年，以上三类急需紧缺人才分别新增 10.6 万人、28.9 万人和 15 万人。我国金融从业人员总量到 2015 年达到 448 万人，2020 年将达到 515 万人，其中高层次人才（研究生以上学历）占比 2015 年

达到10%以上，2020年进一步提高到16%以上①。然而，我国目前的高层次应用型人才培养规模和质量尚无法满足上述需求，面临较大的人才缺口。以我国金融业最发达的上海为例，银行业中本科学历的员工占比为42.08%，硕士学历及博士学历员工占比分别为5.78%和0.16%。本科以下学历的员工比例略多于本科以上，为51.98%。同时，人才国际化程度仍然偏低，中资银行中有海外学习或工作经历的员工数量非常少，从业人员中仅有0.2%的人员有国际化工作经历，包括那些仅在海外完成3个月左右金融培训的人员（上海市银行同业公会，2010），而外资银行相关员工数量在总调查样本中占比分别为90.03%和94.92%。因此，高层次人才的培养与引进迫在眉睫。

从我国近期高层次金融人才的培养来看，虽然分类培养改革之前，国内研究生比例与规模已有了明显的增加，但仍然不能满足金融业快速发展的要求，而海归数量的增加还是不能弥补高层次人才的供需缺口。所以，进一步扩大研究生规模，特别是高层次应用型专业人才的培养规模，实施分类培养，成为当前弥补高层次金融人才缺口的必然选择。基于这一形势，国家教育部和国务院学位办于2010年正式批准设置"金融硕士专业学位"，形成专业学位硕士与科学学位硕士并驾齐驱的培养格局。然而对于金融硕士专业学位的培养仍属于探索阶段，存在着诸多问题，需要从理论层面对金融专业硕士的培养机制进行深入分析，寻求建立符合金融专业硕士教育规律和中国实际的培养体系。基于这一认识，本文从其培养目标的定位、培养方案的设计、培养模式及方式的选择等方面展开分析。

（二）专业学位硕士研究生培养机制现状

1. 培养目标。根据《中华人民共和国学位条例》第五条的规定，硕士学位获得者必须具有从事科学研究工作或独立担负专门技术工作的能力。目前我国科学学位硕士的培养目标是，为社会、高等学校和科研机构培养基础知识扎实、研究探索能力强、富有理论创新思维的师资和科研人员。而专业学位硕士的培养目标，基本上根据国务院学位委员会的《专业学位设置审批暂行办法》的规定："专业学位作为具有职业背景的一种学位，为培养特定职业高层次专门人才而设置"，确定为为社会培养具有较宽的知识、掌握最新科技成果和技术、动手和实践能力强、能够直接服务社会的应用型、复合型人才。由此可见，目前我国科学学位硕士和专业学位硕士的培养目标存在较大差异，这是由两者的社会需求和教

① 资料来源：《金融人才中长期发展规划（2010—2020年）》，中国人民银行、中国银行业监督管理委员会、中国证券业监督管理委员会、中国保险业监督管理委员会联合文件，2011。

育规律所决定的。

目前金融学专业教学指导委员会及各办学单位基本一致的意见是，金融学专业的科学学位硕士培养目标，是在基础性、系统性、完整性的金融学知识学习中，培养研究生投身于科学研究及具有实事求是、创新思维、敢于攀登科学高峰的钻研精神，使之成为在金融学科上掌握坚实基础理论和系统专门知识的科学研究与管理的高级人才，即侧重于金融知识和理论的传承与创新，解决"是什么"和"为什么"的问题。而金融学专业学位硕士的培养目标，更侧重于适应金融市场和经济发展现实需要，培养精通金融、善于管理的高层次应用型、复合型、知识型的高端金融人才，强调其分析问题、创造性解决实际问题的能力，能够将现代金融管理理念融通于实际业务操作，具有开拓、进取和创新精神，更好地为金融业服务，提高我国金融业整体竞争力，即侧重于最新金融知识和技术的应用实践，解决"怎么做"的问题。

2. 课程设置。科学合理的课程设置是实现人才培养目标的重要基础和保障。根据培养目标，目前科学学位硕士的课程设置主要通过传授基础性、系统性、完整性的专业知识体系，使培养对象掌握扎实的基础理论和系统全面的专业知识，同时具备良好的科研素质和能力，实现学科知识的创新与发展；而专业学位硕士以培养高层次、复合型、应用型的技术与管理人才为培养目标，课程设置主要以"专业实践能力"为本位进行设计，采用模块式的教学体系，实现知识结构与能力结构的综合。

金融学科学学位硕士研究生的课程设置，脱胎于马克思主义的政治经济学，经20世纪90年代的改革和21世纪初微观金融知识群的引进，形成了目前中西并蓄、微观金融与宏观金融相结合的课程体系。虽然各办学单位的课程设置存在一定差异，但总体上基本一致，主要包括公共学位课、专业学位课、非学位课和选修课四个层次。其中，专业核心课程包括宏微观经济学、计量经济学、国际金融、货币银行学、投资学、公司金融、金融工程、财务管理等。而金融专业硕士的课程设置，以提高综合素养和知识运用的能力为核心，侧重应用性和实务性，更加强调案例分析与管理应用能力，注重理论与实际相结合。目前各办学单位的课程体系，主要以全国金融专硕教学指导委员会的课程设计为蓝本，基本包含公共学位课、专业学位课和非学位课三个层次的课程体系，而专业学位课包括投资学、金融理论与政策、金融机构与市场、财务报表分析、公司金融、金融衍生工具六门核心课程，而非学位课主要包括金融伦理道德、金融监管、金融企业战略、行为金融、金融服务营销、金融机构经营管理、金融机构风险管理、产品服务流程创新设计、财富管理、基金投资分析与管理、企业并购与重组、金融数据分析、量化投资、固定收益证券十四门选修课程。部分学校还设置了一些特色课程，如复旦大学开设了金融随机模型、金融数量方法等选修课程；中国人民大学开设了金融史、私募股权投资等选修课程；暨南大学还开设了金融危机案例分析、融资租赁等选修课程。

3. 培养模式

（1）教学方法。科学学位硕士与专业学位硕士培养目标的差异性造成了两者教学方式的不同。科学学位硕士以学科知识的课堂传授与扩展为主要教学方法，着重体现科学规律的研究和专业理论的探索；专业学位硕士强调应用实践能力的培养，更加注重运用团队学习、案例分析、现场调研、模拟训练等多种教学方法。

根据对主要办学单位的走访调查与交流，目前金融科学学位硕士的教学方式主要以课堂授课为主，并且侧重于研究生的金融理论基础与研究方法的掌握、研究素质的培养、创新能力的提升。而专业学位硕士的教学方式依然以理论知识的传授为主，虽然各高校都在努力改进教学方法，逐渐在部分课程中引入案例教学方法，增加实践教学环节，但是仍未彻底摆脱原有的研究生教学模式的影响，案例教学与实践教学依然比较薄弱，部分课程理论与实践脱节较为严重。据调查，造成这一现象的主要原因包括两个方面：一是授课教师大部分还是以科学学位硕士生导师为主，而这些教师缺乏必要的实践工作经验，仍然以理论知识的传授为主；二是适合专业学位研究生教学的案例库建设不足，难以满足案例教学的基本要求。另外，一些高校的教学实践基地形同虚设，无法为学生提供实践教学环节所需的各方面的技能培训服务。

（2）双导师制度。科学学位硕士培养的主要任务是传承学科知识和创新科学研究，需要导师负责制下"一对一"的培养模式。专业学位硕士是培养高层次、应用型的管理或技术人才，除了在校集中上课外，大部分时间需用于实践，因而需要有深厚理论基础、丰富教学经验的校内导师和积累较多实践经验及一定指导能力的各职业部门的校外导师共同指导，发挥各自导师的优势。所以，双导师制能够实现专业学位硕士研究生培养的专业分工，一方面能有效提高专业学位硕士的理论水平，另一方面则能显著增强专业学位硕士的专业技能和实践能力。

目前金融专业学位硕士研究生的培养普遍采用了双导师制，校外实践导师以金融机构、金融监管机构及政府金融部门的高层管理人员为主，具有丰富的实践经验；而校内导师主要由科学学位硕士生导师担任，理论基础扎实，教学经验丰富，科研能力较强，能为专业学位硕士研究生提供必要的理论指导。由此可见，双导师制比较符合专业学位硕士的培养模式。

（3）学位论文。一般而言，科学学位硕士论文主要研究科学规律及其现象的理论解释，更强调研究内容的逻辑性、系统性和方法的科学性，因而更加注重论文的学术性与理论性；专业学位硕士论文主要运用科学理论解释自然及社会现象，解决现实问题。在论文写作上，多以案例分析、调研报告、产业规划、产品设计、项目管理、文学艺术作品等为主，重在考查学生综合运用理论、方法和技术解决实际问题的能力。

各高校对金融科学学位硕士论文的要求一直没有太大变化，基本按照学术性、理论性和创新性的标准，要求学生进行学位论文的撰写，以实证研究论文为主。为了培养学生的研究能力及保证学位论文的质量，不少学校还规定金融科学硕士研究生在校期间必须发表与毕业论文相关的学术论文。而金融专业学位硕士论文的要求比较灵活，可选择多种形式，主要是与金融实践紧密相关的案例分析、调研报告、产品设计等，因而金融专硕论文更加体现理论与实践的结合，更加注重运用金融理论及其研究范式解决金融实际问题，更加强调论文的实践性、综合性和应用性。

二、我国专业学位硕士研究生培养改革中存在的主要问题

我国研究生分类培养改革虽然已取得了初步成效，同时专业学位研究生规模不断扩大，培养模式与机制也逐步趋于成熟和完善，但仍然存在较多问题，制约着培养质量的提升。如金融专业学位硕士的培养，虽然起步晚，但是起点高，各办学单位在培养方案、师资力量、实践基地、校外导师配备等方面都进行了一定的准备，但是在近四年的实践中仍然暴露出许多问题，如师资不足、实践教学环节比较薄弱、学位论文缺乏统一客观的评价标准等，严重影响着培养质量。就目前而言，主要问题集中体现在以下几个方面。

（一）教学内容与实践脱节

虽然专业学位硕士研究生的培养都具有相对完善的培养方案，但是课程设置及课程内容的改革与更新不同程度地滞后于实践的发展。以金融学为例，许多金融创新不断涌现，金融政策不断调整，金融制度也正在发生重大变革，如互联网金融、小微企业互助基金、鸡蛋期货、黄金夜盘交易等，而目前金融专业硕士的

相关课程及教学内容却没有及时反映这些创新变化，也没有及时将这些内容纳入教学体系：一方面，部分授课教师只注重教材内容的传授，而教材内容的更新相对滞后，不能及时补充该领域最新的发展情况；另一方面，目前不少课程内容缺乏与实践的紧密联系，造成理论与实践的脱节，影响了培养质量。

（二）实践教学环节薄弱

虽然各高校都在改进教学方法，增加实践教学环节，建立了实践基地，但是仍未摆脱原有的研究生教学模式影响，实践教学环节依然比较薄弱，一些实践基地形同虚设，无法满足实践教学的需要。这主要有以下几个方面的原因：一是实践教学的内容、目标、体系与实践单位日常运作融合度较低；二是实践单位因人员、经费、时间和管理机制等因素的制约，不能保障实践教学环节的连贯性、系统性，易使实践教学流于形式；三是学生缺乏实践工作经验，同时高校实践教学与企业管理体系存在较大差异，使得实践教学环节面临更多的困难和障碍；四是实践基地的投入严重不足，运作机制不完善，很难形成高校与实践单位的协同与合作；五是案例教学和案例库建设起步晚，投入不足，尚未形成符合专业硕士案例教学需要的案例库，影响了案例教学的质量。以目前金融专业硕士的实践教学来看，实践基地的实质合作和案例库的不足仍然是比较突出的问题，一方面，实践基地能够接纳的实习生比较有限，而实习生在金融机构等基地实习中因单位保密原因，通常安排在"打杂"的岗位上，无法真正接触到金融机构的核心业务，从而也不能真正掌握教学实践环节要求达到的实践技能；另一方面，部分教师缺乏案例教学经验，不能很好地将案例教学与中国金融实践结合起来，影响了实践教学的质量。

（三）师资力量不足

各高校对专业学位硕士的培养缺乏足够的校内导师队伍，校内导师绝大多数由科学学位硕士研究生的导师兼任，这些导师往往缺乏必要的实践经验，易将科学学位硕士的培养模式直接移植到专业学位硕士的指导中，难以准确把握专业学位硕士培养的特殊性。以金融学为例，由理论基础扎实、教学经验丰富、科研能力较强的金融科学学位硕士的导师兼任的专业学位硕士校内导师，多缺乏在相关金融机构工作的经验，更注重提高学生的金融理论水平，培养学生的研究能力，对金融发展现状和前沿问题的把握相对滞后，难以为增强学生的金融专业技能和实践能力提供指导。

（四）双导师制度难以有效实施

双导师制虽然可以有效解决专业学位硕士的社会实践问题，但由于许多校外导师有名无实，很难投入必要的时间和精力，在实践方面给予学生必要的指导，从而难以发挥校外导师应有的作用和双导师制的功能。具体而言，一是校外导师的责、权、利界定不清，对专业学位硕士的指导缺乏吸引力和约束力，边缘化现象明显；二是校外导师大多为实践部门的高级管理人员或技术人员，本职工作繁重，难以全身心地对负责学生的实践指导工作，从而难以保障实践教学内容的系统性、完整性；三是校外导师管理制度不够完善，缺乏科学合理的考核、监督、管理机制，校外导师既无激励，也无约束。以金融学为例，专业学位硕士的校外导师通常是来自金融机构、金融监管机构及政府金融部门的高层管理人员，指导方式单一，仅负责为学生优先提供实习信息与实践场所，难以持续、一贯地为学生提供应用性教学内容的培养服务与论文选题及相关研究工作的指导。

（五）学位论文评价标准不科学

目前，专业学位硕士论文质量的评价标准套用科学学位硕士论文的评价标准仍是普遍现象，尚未形成一套专门评价专业学位硕士论文质量的标准。尽管专业学位硕士的学位论文要求比较灵活，可选择多种形式，但专业学位硕士大多仍采用与科学学位硕士相同的论文形式，甚至包括相同的论文内容，这主要是因为不是每种论文形式都有相应的评价体系，论文外送盲审的评价过程中，评审教师往往会以传统科学学位硕士毕业论文的标准评判，进而造成论文的整体质量不高。如金融学专业学位硕士毕业论文应与金融实践紧密结合，着眼于分析、解决金融实际问题，论文形式更宜采用案例分析、调研报告、产品设计等形式。但实践中，仍有部分论文采用科学学位硕士的论文范式进行撰写，这样的论文既达不到专业硕士学位论文的要求，也达不到科学硕士学位论文的标准，影响了整个专业硕士毕业论文的质量。

三、完善我国专业学位硕士研究生培养机制的建议

在我国，科学学位硕士和专业学位硕士培养模式并存发展是未来的发展趋势，同时它也是研究生教育满足个人与社会发展的必然的结果。针对上述存在的问题，如何实现两者并驾齐驱、各具特色的分类培养，提升研究生的培养质量，

为完善我国专业学位硕士研究生培养机制，提出以下几点建议。

（一）改革课程设置与教学内容

专业学位硕士的课程设置应将基础必修课与专业选修课相结合，其中专业选修课应占较大比重，专业选修课可根据培养方向的不同和各培养单位的特点形成不同模块或"课程组合包"。教材建设应以学科发展为中心，与学科体系动态发展相适应，及时补充该领域最新的发展情况，保障教学内容的更新，加强教材建设。对金融专业而言，虽然在课程设置上已基本符合全国金融专硕教学指导委员会的课程设计，但仍需增加案例教学的比重，持续关注与补充相关金融发展前沿和实践热点问题，并将其纳入教学内容体系，反映金融发展的最新成果和创新变化，加强理论与实践的紧密联系，保证教学内容与金融发展实际的衔接性。

（二）加强实践教学环节

针对专业学位硕士实践教学环节薄弱的问题，各高校应大力加强实践教学环节，注重建设目标清晰、制度健全、管理有序、实效明显的实践教学基地，可采取与企业联合申报研究生工作站、与企业合作开展课题研究的方式构建实践基地，促进学生将理论与实践相结合，培养学生分析、解决实际问题的能力。一方面，国家应出台相关政策，充分调动企业的积极性，鼓励地方政府、企业与高校合作建立实践基地；另一方面，加强校企战略合作，签订研究生培养的专项合作协议，明确校、企业双方的权、责、利，形成完整、系统和规范的管理、考核体系，推动研究生实践基地的科学化管理，保障基地能长期稳定地有效运行。同时增加对案例库的建设投入，规范案例的选择标准，并及时更新调整，形成符合专业硕士案例教学需要的案例库。

根据目前金融专业硕士的实践教学现状，各高校应加强金融实践基地的实质合作，促进学生深入了解金融机构核心业务，真正掌握金融领域的实践技能。同时应加大符合专业学位硕士案例教学需要的案例库建设的投入，强化教师案例教学的培训，充分将案例教学与金融发展实际相结合，提高实践教学的质量。

（三）加强师资队伍建设

目前各高校师资力量不足问题日益突出，构建适应专业学位硕士培养模式需要的高水平校内导师队伍，加强师资队伍建设，已成为各高校的当务之急。既要鼓励校内导师走出校门，积极参与校企合作，开展企业横向课题，帮助企业解决实践问题，积累实践工作经验，从而掌握专业学位硕士培养的特性；也要通过修改完善校内指导教师聘任和考核制度，打破唯学术为导向的现状，防止专业学位硕士与科学学位硕士导师培训同质化的倾向。如金融学专业，应积极组织校内导师参加金融机构举办的相关业务交流会议，倡导校内导师主动承担金融机构委托的横向课题，及时掌握金融发展的最新动态，从而更好地符合专业学位硕士培养的要求。

（四）完善双导师制

目前专业学位硕士的双导师制度虽已建立，但尚未完全发挥校外导师应有的作用和双导师制的功能，难以满足学生实践方面的需求，直接影响培养质量的提升。因此，政府相关部门和高校应采取如下措施：一是建立起校外导师责、权、利相一致的激励制度，明确其在培养过程中的职责，提高参与指导学生工作的积极性；二是完善选拔、考核、管理和监督机制，避免导师聘用时的随意性和盲目性，增强行为约束力；三是构建校内外导师联系与沟通机制，有效解决专业学位硕士的社会实践问题。以金融学为例，各高校应在金融实践基地建设的基础上，通过构建长期、科学的校企合作机制，完善相关的选聘制度、日常管理制度、酬劳制度、指导质量监督制度等，激励并约束企业的指导行为，促进双导师制在专业学位研究生培养中发挥其最大的作用。校外导师除了为学生优先提供实习资源外，还应定期召开金融创新产品介绍、金融行业分析及金融就业现状分析等方面的讲座或交流会，加深学生对金融产业、金融机构及金融业务的认识。

（五）论文质量评价制度应更加科学

针对目前专业学位硕士论文缺乏针对性、科学性的质量评价标准问题，教育部应建立一套具有专业学位硕士特色的、统一的评价制度，并组织校内外导师制定相应的论文评价体系，保障专业学位硕士的论文质量。如金融学专业学位硕士的毕业论文应与金融实践紧密结合，着眼于分析、解决金融实际问题，鼓励采用多样的论文形式，如案例分析、调研报告、产品设计等。专业学位论文质量评价机制应包括以下几个方面：一是选题价值是否体现实用性，着重考查学生综合运用金融理论和研究方法分析、解决金融实际问题的能力；二是全文撰写是否做到写作规范、内容充实并有一定的创新，审核论文的整体学术水平及其解决金融实际问题的新思想和新方法；三是答辩小组的成员构成是否合理，除了校内导师及外校导师外，可邀请一定比例金融机构的高级管理人员参与论文答辩环节，从实践角度为学生提出改进建议。

参考文献

[1] 周文辉：《国务院学位委员会第二十九次会议在北京召开》，载《学位与研究生教育》，2012（3），29 页。

[2] 教育部：《关于全面提高高等教育质量的若干意见》，2012 – 03 – 16。

[3]《教育部　国家发展改革委　财政部　关于深化研究生教育改革的意见》，2013 – 03 – 29。

[4] 上海市银行同业公会：《上海市银行业人才培养与需求状况实证研究报告》，载《金融博览》，2010（1），46 ~ 48 页。

[5] 全国人民代表大会常务委员会：《关于修改〈中华人民共和国学位条例〉的决定修正》，2004 – 08 – 28。

[6] 国务院学位委员会：《专业学位设置审批暂行办法》，1996 – 07 – 22。

[7] 国务院学位委员会：《硕士、博士专业学位研究生教育发展总体方案》，2010 – 09 – 18。

[8] 李献斌、刘晓光：《全日制专业学位研究生实践基地建设研究》，载《中国农业教育》，2012（5），22 ~ 25 页。

[9] 王昆、任蓓蓓、林军山：《全日制专业学位研究生校外导师队伍建设思考》，载《西高等学校社会科学学报》，2013（9），85 ~ 88 页。

[10] 吴晓求：《关于我国金融专业硕士培养的若干思考》，2011 – 06 – 17。

[11] 林桂娟、於朝梅、王恬：《专业学位研究生实践基地建设模式研究》，载《中国农业教育》，2012（1），50 ~ 52 页。